TEMPO, VERDADE E AÇÃO

ESTUDOS DE LÓGICA E ONTOLOGIA

A Coleção *Philosophia* é editada sob a responsabilidade do *Seminário Filosofia da Linguagem* (UFRJ) e dos centros de estudos de *Ontologia e Predicação* (UNICAMP), *Lógica e Ontologia* (UFRGS) e *Filosofia Antiga* (USP), atualmente reunidos no projeto Pronex CNPq/Fapergs *Lógica, Ontologia, Ética.* A coleção tem por objetivo publicar livros filosóficos de autores nacionais, traduções e comentários de obras clássicas, bem como traduções de obras de autores contemporâneos de inquestionável valor. Seu único critério de edição é a qualidade e a relevância dos trabalhos.

A Coleção não prejulga nem favorece qualquer escola ou doutrina filosófica; privilegia apenas a clareza da análise e o rigor da argumentação. *Philosophia* pretende, assim, contribuir para o desenvolvimento da cultura filosófica no Brasil e para a formação de uma opinião pública esclarecida em assuntos filosóficos.

Pronex *Lógica, Ontologia, Ética*
Pronex Fapergs/CNPq 04/0860.4.
Departamento de Filosofia, UFRGS
C.P. 15.055 91501-970 – Porto Alegre – RS
Fax/fone: (51) 316-6616 e 316-6642

Diretores da Coleção:
Guido Antônio de Almeida (UFRJ) e
Fátima Regina Rodrigues Évora (Unicamp)

BALTHAZAR BARBOSA FILHO

TEMPO, VERDADE E AÇÃO
ESTUDOS DE LÓGICA E ONTOLOGIA

Prefácio de Raul Landim Filho

Editado por Lia Levy e Sílvia Altmann

Copyright © 2013 Balthazar Barbosa Filho

Nenhuma parte desta publicação pode ser gravada, armazenada em sistemas eletrônicos, fotocopiada, reproduzida por meios mecânicos ou outros quaisquer sem a autorização prévia da editora.

Projeto editorial: Departamento de Filosofia da FFLCH-USP
Direção editorial: Milton Meira do Nascimento
Projeto gráfico: Guilherme Rodrigues Neto
Editoração e Capa: Helena Rodrigues

Dados Internacionais de Catalogação na Publicação (CIP)
(Câmara Brasileira do Livro, SP, Brasil)

Filho, Balthazar Barbosa
Tempo, verdade e ação : estudos de lógica e ontologia / Balthazar Barbosa Filho ; prefácio de Raul Landim Filho ; editado por Lia Levy e Sílvia Altmann. — São Paulo : Discurso Editorial : Editora Paulus, 2013.

Bibliografia.
ISBN 978-85-86590-96-2(Discurso Editorial)

1. Lógica 2. Ontologia I. Landim Filho, Raul. II Levy, Lya III. Altman, Sílvia IV. Título

13-06062

CDD-160
-111

Índices para catálogo sistemático:

1. Lógica : Filosofia 160
2. Ontologia : Filosofia 111

discurso editorial
Av. Prof. Luciano Gualberto, 315 (sala 11)
05508-010 – São Paulo – SP
Telefone: (11) 3814-5383
Telefax: (11) 3034-2733
e-mail: discurso@usp.br
www.discurso.com.br

PAULUS
R. Francisco Cruz, 229
04117-091 – São Paulo – SP
Telefone: (11) 5087-3700
Fax: (11) 5579-3627
e-mail: editorial@paulus.com.br
www.paulus.com.br

SUMÁRIO

NOTA DAS EDITORAS 7

PREFÁCIO 9

ARISTÓTELES E O PRINCÍPIO DE BIVALÊNCIA 33

NOTA SOBRE O CONCEITO ARISTOTÉLICO DE VERDADE 49

NOTA SOBRE A CONTINGÊNCIA. BOÉCIO, COMENTADOR DE

ARISTÓTELES 65

SABER, FAZER E TEMPO: UMA NOTA SOBRE ARISTÓTELES 85

KANT E ARISTÓTELES: RAZÃO PRÁTICA E ESCOLHA DELIBERADA 101

SOBRE UMA CRÍTICA DA RAZÃO JURÍDICA 121

CONDIÇÕES DA AUTORIDADE E AUTORIZAÇÃO EM HOBBES 143

SOBRE O POSITIVISMO DE WITTGENSTEIN 161

REFERÊNCIAS DOS ARTIGOS 189

ÍNDICE ONOMÁSTICO 190

NOTA DAS EDITORAS

A edição desta coletânea não teria sido possível sem a colaboração de um grupo de pessoas que, benevolamente e por admiração a Balthazar Barbosa Filho, trabalharam em diversas etapas do processo. Gostaríamos de agradecer, por sua disponibilidade, a:

Guido Antonio de Almeida
Ricardo Ribeiro Terra
Luiz Henrique Lopes dos Santos
Marco Antonio de Avila Zingano
José Alexandre Durry Guerzoni
Alfredo Carlos Storck
Gerson Luiz Louzado
Inara Zanuzzi
Priscilla Tesch Spinelli
Daniel Tourinho Peres
Ana Rieger
Clarissa Vido
Gustavo Coelho
Luis Felipe Garcia
Michel de Souza Cruz
José Ademar Arnold
Daniela Barbosa
Mário Oliveira Dornelles
Sônia Martins
Madalena Altmann

PREFÁCIO

Um prefácio pretende habitualmente apresentar uma coletânea de artigos de maneira objetiva, descobrindo na multiplicidade de aspectos abordados a unidade metodológica imposta pelo autor aos diversos temas estudados. Não seguiremos apenas esta norma ao prefaciar esta coletânea. Este prefácio foi elaborado com sentimentos que mesclam admiração e saudade. Admiração pelo rigor argumentativo, precisão conceitual e domínio temático do autor da coletânea; saudade que torna ainda mais vívidas as recordações do passado, dos debates calorosos dos colóquios que organizava, da sua rapidez inigualável de raciocínio, da sua clarividência imediata sobre questões complexas, das objeções embaraçosas que formulava, das críticas sutis e penetrantes que estimulavam o aprofundamento da pesquisa e estreitavam ainda mais a amizade, pois eram sempre formuladas de maneira afetuosa, acompanhadas de fino humor e sutil ironia.

O prefácio é, assim, uma homenagem saudosa ao mais brilhante filósofo de sua geração. Homenagem ao seu talento invulgar, à sua invejável cultura filosófica, à clareza e à profundidade de seus escritos, da qual esta coletânea é testemunha. Saudade pela ruptura de um diálogo fraterno, causada pela morte que, face ao brilho do "Farol", será sempre considerada como prematura.

Dispenso-me ressaltar sua irrepreensível conduta acadêmica, sua espontânea e natural generosidade com amigos, alunos e colegas.

Se em um prefácio é permitido divagar, permita o leitor que relembremos uma passagem da *Divina Comédia*, o verso em que Virgílio mostra a Dante uma "reunião filosofal"[1] da qual faziam parte Aristóteles, Platão, Sócrates, Avicena, Averróis e tantos outros. Creio que, se lhe fosse possível[2], o Prof. Balthazar frequentaria com prazer esta reunião. Atrevo-me a pensar que formularia para seus mestres questões pertinentes, talvez embaraçosas, como tinha o hábito de fazer nos colóquios dos quais participava. Se podemos preservar as qualidades que outrora tivemos, não é de todo descabida essa hipótese imaginária.

---

[1] "Olhando um pouco à frente vi o imortal/ mestre de todo o homem de saber/ sentado em uma reunião filosofal./ Honrarias todos lhe vão oferecer;/ Sócrates vejo entre eles e Platão,/ mais próximos que os outros, ao o entreter." Dante Alighieri. *A divina comédia*, Inferno, (Limbo), Canto IV, tradução de Italo Eugenio Mauro, São Paulo: Editora 34, 2005, p. 47.

[2] No Canto IV, Dante e Virgílio se encontram no limbo (num lugar, segundo Dante, muito aprazível), onde estão as almas dos virtuosos que não receberam o batismo. Obviamente, não é o caso do Prof. Balthazar. E como o limbo não existe mais, Dante, se soubesse disso, certamente teria descrito essa "reunião filosofal" no Paraíso. Lá já se encontravam, antes da extinção do limbo, Boécio, Tomás de Aquino, o lógico Pedro de Espanha, que se tornou Papa João XXI, Agostinho, Boaventura, Anselmo, Sigério de Brabante e outros. Imagino que depois da extinção do limbo na eternidade, a "reunião filosofal" ficou ainda mais vívida. Ver Cantos XI-XIII da *Divina comédia*, Paraíso.

TEMPO, VERDADE E AÇÃO

Os artigos reunidos nessa coletânea foram publicados em diferentes revistas do Brasil[3] e do exterior. O leitor notará em cada artigo, ao lado de uma erudição intencionalmente contida, uma argumentação sólida, sem concessão a frases de efeito ou facilidades retóricas. Obviamente, não se trata de uma coletânea com pretensões literárias, mas poucos filósofos dominam tão bem a língua portuguesa como o autor. Não é uma coletânea de lógica, mas nenhuma tese é afirmada sem que seja fornecida uma sólida argumentação para torná-la plausível. Se no contexto filosófico fosse possível usar o termo 'prova', tudo o que é afirmado pretende ter sido provado. Não é tampouco uma coletânea de História da Filosofia. A erudição desempenha um papel secundário na argumentação; os textos clássicos não são usados para tornar presente o passado nem para tornar passado o presente, mas para dar continuidade ao longo e laborioso trabalho histórico de clarificação de algumas questões perenes da filosofia. Aristóteles, Kant e Wittgenstein são os mestres a partir dos quais são reconstruídos argumentos e sugeridos novos enfoques sobre os pro-

---

[3] O quinto artigo da coletânea, intitulado "Kant e Aristóteles: razão prática e escolha deliberada", é o único artigo inédito dessa coletânea. Há tempos, os editores da *Revista Analytica* solicitaram permissão para a publicação desse artigo tal como ele se encontrava, pois, ao lerem o texto que fora apresentado em um colóquio, reconheceram de imediato sua excelência acadêmica. Embora o artigo tenha sido diagramado para publicação, a revisão final do autor, sempre solicitada pelos editores da *Analytica*, não foi enviada pelo Prof. Balthazar aos responsáveis da revista, o que postergou a publicação do artigo. Embora o projeto inicial dessa coletânea pretendesse reunir apenas textos publicados em vida pelo Prof. Balthazar, as editoras da coletânea julgaram que este artigo deveria também ser nela incluída, tendo em vista que ele fora aceito para publicação pela *Revista Analytica*.

blemas estudados. Assim, o fio condutor da coletânea, que aborda diferentes temas em diversos autores, é a elucidação conceitual, iluminada pela reconstrução analítica de teses e de argumentos filosóficos. Dessa maneira, o passado fica mais vívido no presente e o presente inserido na tradição filosófica.

APRESENTAÇÃO DOS ARTIGOS

A apresentação que faremos de cada artigo não é tão resumida como costumam ser os "*abstracts*" nem tão detalhada como os estudos críticos. De cada artigo, faremos exposições panorâmicas que acompanham o fio condutor da argumentação, os conceitos básicos e as principais teses. Faremos, portanto, resumos introdutórios, guias de leitura, sem análises críticas, apenas com a pretensão de clareza expositiva. O leitor pode ignorar essas apresentações e ler diretamente os artigos; embora densos e complexos, em virtude de sua clareza e precisão, são compreensíveis por si mesmos.

Os quatro primeiros artigos da coletânea analisam a questão da verdade e sua relação com certos princípios lógicos, em especial o princípio da bivalência, e com as noções modais de necessidade, contingência e temporalidade. As múltiplas facetas dessas relações são analisadas no quadro conceitual da filosofia aristotélica. As teses formuladas no *De interpretatione*, especialmente no nono capítulo desse opúsculo, servem de fio condutor para as reflexões desses quatro primeiros artigos da coletânea.

Como se sabe, o princípio de bivalência estatui, segundo Aristóteles, que uma proposição apofântica (uma proposição suscetível de ter um valor de verdade) é ou bem verdadeira ou bem falsa. Além do falso e do verdadeiro, não haveria outro valor de verdade. Ora, associando-se os princípios lógicos de contradição e de bivalência à definição de verdade

TEMPO, VERDADE E AÇÃO

aristotélica, que estatui que se um enunciado é verdadeiro, a coisa é; e se a coisa enunciada é, o enunciado é verdadeiro, segue-se que enunciados sobre eventos passados e presentes são não somente verdadeiros ou falsos, mas são necessariamente verdadeiros ou necessariamente falsos[4], caso, nesse contexto, "necessidade" signifique *necessidade veritativa*, que é caracterizada da seguinte maneira por Aristóteles no *De interpretatione*: "O que é, necessariamente é, quando é; e o que não é, necessariamente não é, quando não é." (*De interpretatione*, 19a25). Em suma, da verdade da proposição à sua necessidade, a consequência é boa.

Os princípios lógicos acima mencionados poderiam ser aplicados a qualquer tipo de enunciado? Se os enunciados sobre eventos singulares futuros em matéria contingente (como, por exemplo, o enunciado 'amanhã haverá uma batalha naval') satisfizessem também aos princípios lógicos, à concepção de necessidade mencionada acima e à concepção de verdade aristotélica, então o enunciado 'amanhã haverá uma batalha naval' seria verdadeiro ou falso. Daí poder-se-ia inferir desde o presente que ou bem 'necessariamente amanhã haverá uma batalha naval' ou bem 'necessariamente amanhã não haverá uma batalha naval'[5]. Assim, todo evento ou esta-

---

[4] Para os enunciados sobre eventos singulares futuros em matéria contingente, se for possível demonstrar que do enunciado: 'é verdade que (haverá uma batalha naval amanhã ou (exclusivo) não haverá uma batalha naval amanhã)' implica o enunciado 'é necessário (hoje) que haja uma batalha naval amanhã' ou (exclusivo) 'é necessário (hoje) que não haja uma batalha naval amanhã', teria sido demonstrada a validade do determinismo lógico.

[5] A dificuldade dessa inferência consiste na distribuição do operador "necessário". Para os enunciados sobre o presente e sobre o passado, 'Necessário (p ou (exclusivo) q)' implica 'necessário p' ou 'necessário q'. Mas sobre os enunciados futuros singulares em matéria contingente,

do de coisas futuro seria inevitável porque qualquer enunciado, inclusive os enunciados sobre os eventos singulares futuros em matéria contingente, seriam no presente necessariamente verdadeiros ou necessariamente falsos.

Essa questão é minuciosamente analisada e discutida no *primeiro artigo da coletânea* que se intitula "Aristóteles e o princípio da bivalência". O artigo sugere uma engenhosa solução que, ao temporalizar o princípio da bivalência, o torna aplicável, sem restrição, a qualquer enunciado, mesmo àqueles sobre o futuro contingente. A aplicação do princípio de bivalência (reformulado), do princípio de contradição, da definição de verdade e da *necessidade veritativa* aos enunciados singulares futuros contingentes não implicaria o determinismo lógico. A solução do artigo é engenhosa, embora, como toda 'solução filosófica', suscite novos questionamentos.

O segundo artigo da coletânea, "Nota sobre o conceito de verdade em Aristóteles", ainda na esteira das questões suscitadas pelo *De interpretatione*, analisa o conceito de verdade em Aristóteles, cuja formulação mais célebre é: "Dizer do que é que ele não é e do que não é que ele é, é o falso; dizer do que é que ele é e do que não é que ele não é, é o verdadeiro" (*Metafísica*, Gama, 7, 1011b25-27, citado pelo artigo). O artigo analisa as relações entre o conceito de verdade aristotélico e a noção de *necessidade veritativa*. A partir dessas análises, procura mostrar que a concepção de Tarski, formulada em seus artigos sobre a verdade[6], especialmente em "The

---

a distribuição do operador 'necessário' sobre os disjuntos é problemática ou, se for válida, implica o determinismo lógico.

[6] "The concept of truth in formalized languages", in: *Logic, semantics, metamathematics*. Tradução de J. H. Woodger, Oxford: Clarendon Press, 1956, p. 152-278. Ver também a versão simplificada deste artigo: "The semantic conception of truth". *Philosophy and phenomenological research* 4(3), 1944, p. 341-376.

semantic conception of truth", não é, como o próprio Tarski sugere, uma versão formalizada da concepção aristotélica da verdade. A raiz da diferença entre a concepção aristotélica e a versão tarskiana se baseia na análise aristotélica dos enunciados sobre eventos futuros em matéria contingente, formulada no *De interpretatione*. Nesse opúsculo, Aristóteles formula a noção de *necessidade veritativa* acima mencionada[7]. Dessa concepção de necessidade segue-se que '*p é verdadeiro*' implica '*é necessário que p*', mas *p não* implica a *necessidade de p*. Ora, os enunciados sobre eventos singulares futuros contingentes não seriam no presente determinadamente falsos ou determinadamente verdadeiros; eles são suscetíveis de ter o valor de verdade verdadeiro ou o valor de verdade falso, mas não têm um valor de verdade determinado antes que os estados de coisas, descritos por eles, estejam ou não efetivamente realizados no futuro. O artigo esclarece de modo exemplar o que significa 'valor de verdade indeterminado': "... verdade não determinada não é, em Aristóteles, uma espécie de verdade. O que é não determinado ou indefinido não é o ser verdadeiro, mas a distribuição dos valores de verdade"[8]. O operador 'necessário (veritativo)', como já assinalamos, não se distribuiria sobre a disjunção cujos disjuntos são enunciados sobre eventos futuros em matéria contingente, pois eles,

---

[7] O artigo distingue quatro tipos de necessidade em Aristóteles: "(1) a necessidade lógico-ontológica, que se exprime nos primeiros princípios do ser e do *logos*; (2) a necessidade física ou natural, cujo fundamento são as leis causais da natureza; (3) a necessidade temporal ou do passado, da qual falamos habitualmente quando dizemos que o passado é inevitável, inelutável ou imutável", e, finalmente, (4) "a necessidade veritativa."

[8] Citações sem referência a autores foram extraídas do artigo que está sendo exposto.

ao contrário dos enunciados sobre o passado e o futuro, não têm um valor determinado de verdade. Por isso da verdade de '(p é verdadeiro ou p é falso)' ou de maneira equivalente de '(p é verdadeiro ou *não-p* é verdadeiro)' segue-se que 'necessariamente ('p é verdadeiro' ou '*não-p* é verdadeiro'), mas não se seguiria que 'é necessário que p seja verdadeiro' ou que 'é necessário que *não-p* seja verdadeiro'. Através de uma série de considerações que têm como ponto de partida essas análises, o artigo mostra que a fórmula de Tarski: "É verdadeiro que (*É verdadeiro que p* equivale a p)", que, segundo Tarski seria um critério de adequação formal de toda teoria da verdade, não é, em todas as suas instâncias, compatível com a concepção de verdade aristotélica.

O terceiro artigo da coletânea, intitulado "Nota sobre a contingência. Boécio, comentador de Aristóteles" retoma, sob outro aspecto, as análises que foram feitas nos dois artigos anteriores. Trata-se agora de analisar a raiz ontológica da contingência, não em Aristóteles, mas em um filósofo, comentador e tradutor para o latim de obras de Aristóteles e que teve, graças às suas traduções, uma enorme influência na filosofia medieval.

Tendo em vista as teses do *De interpretatione,* de uma maneira genérica as proposições podem ser classificadas em proposições que são determinadamente (*definite*) verdadeiras ou falsas e proposições que não têm essas propriedades. Como Boécio assume a definição de verdade aristotélica, é o ser ou o real que torna as proposições verdadeiras. Segue-se, então, que uma proposição é determinadamente verdadeira, se sua verdade está inalteravelmente determinada por um estado de coisas. Desse modo, toda proposição sobre o passado e sobre o presente é determinadamente verdadeira, bem como algumas proposições sobre o futuro, aquelas que versam sobre eventos futuros submetidos à necessidade natural. As proposições analisadas no capítulo nono do *De interpretatione* não podem ser consideradas como determinadamente *verdadei-ras,* pois nenhum estado de coisa, efetivo ou não, determina ainda o seu valor de verdade. Através dessas análises, é mostrado que os princípios lógicos da bivalência, da contradição, a concepção aristotélica da verdade e a necessidade veritativa não implicam o determinismo lógico e são compatíveis com a afirmação da existência de eventos singulares futuros em matéria contingente. Mas não é ainda explicada a raiz ontológica da contingência.

Qual seria a razão ontológica da contingência? Boécio rejeita a explicação da contingência por uma indeterminação epistêmica: a razão da contingência não é a ignorância sobre o futuro, mas o fato de que certos eventos podem ser ou não ser. O que significa dizer que certos eventos podem ser ou não ser? Tudo o que ocorre deve ser explicado ou por uma necessidade natural ou pelo acaso ou pelo livre-arbítrio. O artigo analisa em que consiste cada uma dessas possíveis explicações, reflete sobre suas mútuas relações e apresenta uma solução plausível, inspirada por Boécio, que explicaria a razão ontológica da contingência.

O quarto artigo da coletânea, intitulado "Saber, fazer e tempo: uma nota sobre Aristóteles", analisa a compatibilidade entre as noções de *saber* e de *fazer.* No *Teeteto,* Platão procurou esclarecer as condições do significado de 'saber'. Por sua vez, na *Ética a Nicômaco,* Aristóteles formulou as condições do significado do termo 'fazer'. 'Saber que p' deve satisfazer a três condições: [1] S acredita que p; [2] p é verdadeiro e [3] S tem boas razões para acreditar que p. O significado de 'fazer' deve também satisfazer a três condições: 'S faz A' significa: [1'] S tem a intenção de que A seja o caso; [2'] A é o caso e [3'] S produz algo (B, por exemplo) que é adequado para a ocorrência de A.

O artigo formula a seguinte questão: a aplicação conjunta e simultânea desses dois conceitos é *a priori* possível?

Eles seriam compossíveis?

As condições [2] e [2'] são aparentemente semelhantes. No entanto, há uma importante diferença entre as duas condições. O que torna uma proposição verdadeira, ao menos para Aristóteles e para a tradição realista da verdade, é algo real, existente; a proposição que descreve este algo corretamente é verdadeira; é, portanto, o ser que confere verdade à proposição. Se a proposição 'p' é verdadeira, algo de real a tornou verdadeira. No entanto, "O que sabemos não podemos fazer" está escrito de uma maneira lapidar no artigo. O que sabemos já está feito. E reciprocamente, o que estamos fazendo ainda não foi feito e quando for feito, a ação terá sido concluída, pois é em virtude da ação do agente que um evento é produzido. Por isso, o produto da ação que *será* realizada, enquanto a ação não tiver sido efetivamente concluída, não pode tornar uma proposição verdadeira. Agir é tornar determinado o que (ainda) não o é. Quando o agente tiver produzido um evento ou um estado de coisas, a ação já terá sido realizada. O estado de coisas produzido pela ação do agente pode, então, tornar a proposição que o descreve verdadeira, mas a ação que produziu o estado de coisas deixou de existir. Assim, a aplicação simultânea desses dois conceitos, *saber* e *fazer*, parece ser impossível.

A partir dessas considerações, o artigo sugere uma hipótese que distinguiria de uma maneira ainda mais radical o *saber* do *fazer*: *saber* seria omnitemporal, *fazer* seria temporal. Para confirmar essa hipótese são analisadas duas concepções, aparentemente irredutíveis, do tempo. Na primeira concepção, o tempo seria caracterizado pela série anterior/posterior; a segunda concepção caracterizaria o tempo como passado/presente/futuro. Assim, segundo a primeira concepção, dois estados de coisas seriam temporais, se um é anterior ao outro. Na segunda perspectiva, dois estados de coisas seriam temporais, se um é passado em relação ao outro.

Seriam essas concepções irredutíveis? O *saber* poderia ser caracterizado como temporal por alguma delas? O *fazer,* por ambas as concepções? O artigo, com a habitual clareza e precisão do autor, procura responder a essas questões.

O quinto artigo da coletânea, intitulado "Kant e Aristóteles: razão prática e escolha deliberada"[9], pretende "montar uma linha de defesa aristotélica de Kant".

Teses kantianas sobre a razão prática são inicialmente recapituladas de uma maneira extremamente sintética. O objetivo do autor não é analisar em detalhe essas teses, mas simplesmente recapitulá-las de uma maneira precisa, embora resumida, para analisar, em seguida, a concepção aristotélica sobre a escolha deliberada e mostrar que ela não se opõe, mas formula, em um universo conceitual distinto, teses análogas às teses kantianas.

Conceitos centrais da razão prática, tais como os de inclinação, interesse, máxima, imperativo categórico, lei moral, juízo prático, e liberdade transcendental são apresentados e resumidamente expostos. Máximas e interesses são produtos da razão prática. A formação de um interesse por um agente racional é baseada numa reflexão sobre as inclinações e a adoção de estratégias para a ação, tendo em vista estes interesses. As máximas, conscientes para o sujeito que as escolhe, são regras que "prescrevem tipos de ações". Assim, interesses e máximas são dois polos constitutivos da ação do agente racional. Todo agente racional deve considerar seus princípios de ação como universalizáveis, pois, se as máximas foram adotadas livremente, deve ser possível dar as razões de sua adoção. Assim, um agente racional não pode se recusar a justificar suas ações. Mas, em última análise, o fundamento da justificação

---

[9] Vide a nota nº 3, que explica as razões da publicação desse artigo inédito.

é a conformidade a uma lei prática incondicionada. Essa conformidade justificaria as máximas. Dessa maneira, a razão pura prática fornece ao mesmo tempo uma regra (princípio) e um motivo para agir (em conformidade com o princípio). No processo de deliberação prática, a lei, que é um produto da razão pura prática, funciona como uma regra orientadora que governa a deliberação. A consciência dela ou das regras que dela decorrem são suficientes para determinar ou criar um interesse. Nesse sentido, todos aqueles que têm consciência de estar submetidos à lei (moral) têm uma razão para obedecer a ela e, portanto, têm um interesse nela. Kant afirma:

> A moralidade não vale para nós porque ela apresenta um interesse [...]; mas a moralidade apresenta um interesse porque tem valor para nós enquanto homens porque deriva de nossa vontade enquanto seres inteligentes e, portanto, de nosso verdadeiro eu. (*GM* 460-1, citado pelo artigo).

Enquanto seres livres, autônomos, a nossa liberdade consiste justamente em assumir este interesse. Esta parte do artigo conclui:

> Tomar interesse na moralidade [...] é tomar ou reconhecer a Lei Moral como fornecendo razões ou restrições de ação. E mais: visto que essas razões não refletem nossas necessidades enquanto seres sensíveis, isso nos mostra nossa capacidade de sermos motivados independentemente dessas necessidades.

"A defesa aristotélica de Kant" se inicia pela constatação de que a deliberação é o procedimento da razão prática em Aristóteles. Como ela opera? O agente deseja ou quer um objeto, que é um bem para o agente, pois "nada é desejado senão segundo a razão do bem", afirma um jargão escolástico. Querer o objeto é uma força motivadora para o agente e o agente racional tem consciência desse seu querer. Esta consciência é ela própria constitutiva do querer do agente racional: o querer motiva o agente a realizar um processo de deliberação pelo qual ele considera as etapas necessárias para alcançar o objeto do desejo. O último passo da deliberação, que precede a ação determinada, é a escolha ou decisão deliberada, *prohairesis:*

> Sendo o objeto da escolha uma das coisas em nosso poder que é desejada por causa da deliberação – a escolha deliberada será o desejo deliberado de coisas que estão em nosso poder; pois, uma vez que decidimos como resultado de deliberação, desejamos de acordo com nossa deliberação. (EN, 1113a9-12, citado no artigo).

Assim, "a própria escolha deliberada é um desejo". Ora, a escolha deliberada supõe uma consciência refletida. Como a escolha deliberada é um desejo e a reflexão é intrínseca à escolha deliberada, nesse caso, a reflexão deve ser considerada como parte do desejo.

O que torna o agente racional livre é que ele é consciente reflexivamente dos seus desejos, por isso tem o poder de deliberar sobre eles e agir em consequência. Numa formulação lapidar, o autor afirma: "ao refletir sobre eles [desejos] e decidir quais e como satisfazê-los, os desejos se tornam razão".

Finalmente, o artigo extrai as consequências dessas análises, aplicando-as à noção aristotélica de felicidade, *eudaimonia.* O bem supremo da ação humana é a *eudaimonia.* Mas esse bem supremo não é algo de externo ao homem. A análise de escolha deliberada mostrou como os desejos são internalizados pela reflexão consciente. Assim, conclui o artigo,

... se um homem é capaz de organizar seus desejos de modo a desejar viver uma vida especificamente humana, então ele estará *eo ipso* motivado a vivê-la. Viver essa vida satisfará seus desejos organizados e será uma vida plena e feliz.

Isso torna mais plausível a afirmação de Aristóteles de que a *"eudaimonia e a vida virtuosa são a mesma coisa"*.

A despeito das diferenças dos pressupostos e do quadro conceitual em que são estabelecidas suas teses, em Aristóteles como em Kant, os princípios da razão (pura) prática motivam, determinam e constituem o interesse da ação do agente racional.

O sexto artigo da coletânea, intitulado "Sobre uma crítica da razão jurídica" pretende responder a duas questões: [a] Há em Kant uma prova da existência da razão pura prática?; [b] Existe em Kant uma crítica da razão jurídica?

Para responder a essas questões, o artigo retoma de forma sucinta, mas extremamente clara e precisa, a questão geral da filosofia crítica de Kant. Mostra que a questão central é a de demonstrar a capacidade efetiva da razão de discernir no juízo (teórico ou prático) o verdadeiro do falso. Talvez as proposições práticas não possam ser consideradas estritamente verdadeiras ou falsas. Poderiam, no entanto, ser consideradas aceitáveis ou inaceitáveis. Do ponto de vista da razão prática, ser racional significaria *"dispor de regras universais e necessárias cuja aplicação permite decidir, para todo juízo prático, se ele é ou não aceitável"*.

Sob o enfoque do que foi apresentado no resumo geral da filosofia crítica, o artigo passa a analisar temas da filosofia prática para que possam ser respondidas as questões formuladas no início do artigo. a filosofia prática de Kant é considerada em três níveis. Em cada um deles, são demonstradas proposições que, tomadas conjuntamente, poderiam provar a

TEMPO, VERDADE E AÇÃO

existência da razão pura prática. No primeiro nível, trata-se de analisar a passagem do conhecimento da moralidade comum para o conhecimento filosófico. Seria provado que *se* as convicções éticas comuns são verdadeiras ou falsas, então a lei moral constrange todo o agir racional. No segundo nível, Kant provaria que "se a razão pura é prática [capaz de mover o homem a agir], então a única lei dessa razão motriz é a lei moral". Note-se que o antecedente dessa condicional se refere à capacidade de agir com base em princípios incondicionados, independente de nossos desejos e interesses particulares. Trata-se, portanto, da razão pura prática e não da razão prática. A negação dessa tese poria em questão a validade de todo juízo ético. Mas, dada a possibilidade de negá-la, é ainda necessário uma prova mais forte. No terceiro nível provar-se-ia então que "se o homem é capaz de agir em geral [...], então a razão pura deve necessariamente poder movê-lo. Segue-se, portanto, que a lei moral é válida". Negar essa tese seria negar a possibilidade de qualquer ação de um agente racional.

Poder-se-ia pensar que a *conjunção* das conclusões das três etapas permitiria a prova direta do antecedente da proposição condicional do segundo nível, "a saber: que o homem é capaz de ser movido somente pela razão [pura prática]": Ora, a prova desse antecedente parece ser impossível, pois ela exigiria que o agente racional fosse um sujeito em si (um sujeito noumenal).

De fato, segundo o artigo, nesse terceiro nível Kant consegue provar duas proposições mais fracas do que o antecedente acima citado. Levando-se em conta a solução da terceira antinomia da *CRP*, mostra-se que [1] "não há contradição lógica entre o princípio do determinismo fenomênico e a afirmação segundo a qual o homem é capaz de ser movido à ação somente pela razão"; [2] "Para que um agente racional possa ser sujeito de imputação, ele deve necessariamente supor que pode ser movido somente pela razão". No entanto, essas proposições ainda não demonstram categoricamente que a razão pura prática existe ou que o homem é movido pela razão pura prática. Apenas demonstram que se a razão pura prática existe, podemos falar de moralidade.

Em virtude das alegações acima mencionadas e de outras que omitimos pela necessária concisão na apresentação do artigo, poderia ser questionado se Kant teria renunciado à justificação da existência da razão pura prática. A razão pura prática parece ser um *fato da razão*. Para que essa afirmação faça sentido, para que se estenda a noção de fato ao campo prático, seria necessário adaptar à razão prática as noções de verdade e de objeto, formuladas no campo teórico. Habitualmente, entende-se por 'fato' o que torna verdadeira uma proposição. Um conhecimento é verdadeiro, se ele concorda com o seu objeto. Nesse caso, pode-se dizer também que o conhecimento é objetivo. Mas todo conhecimento objetivo é um conhecimento universal e necessário. Nesse sentido, dizer que um juízo é verdadeiro seria dizer que é objetivo; dizer que é objetivo significaria dizer que o juízo é universal e necessário. Assim, 'objeto', ao invés de significar algo "dado", independente do juízo, significa uma regra para a síntese categorial do múltiplo, que torna o juízo objetivo. "*Um conjunto qualquer de proposições é dito objetivo, se enuncia verdades que são universais e necessárias*". Essas análises sobre as noções de objeto e de objetivo autorizariam a afirmação de que as proposições universais e necessárias, as proposições que exprimem um conhecimento objetivo, significam um fato.

O que seria um fato da razão? "É a consciência que temos do caráter necessariamente autolegislativo da liberdade, isto é, da razão em seu uso prático". Se for demonstrado que é absurdo negar que um agente (racional) possa ser determinado somente pela razão, ficaria, então, demonstrado que um ser pensante não pode agir, *enquanto pensante,* senão sob a ideia de autodeterminação. Daí se segue que este ser pensante é necessariamente livre. O fato da razão significaria a autonomia do ser pensante: "o único fato da razão é sua autonomia, sua independência das causas fenomênicas, mas, ao mesmo tempo, sua submissão a leis. Essa submissão, desde então, é somente possível se a *razão* dá a si mesma suas próprias leis. Dessa maneira, Kant teria demonstrado a existência de uma razão pura prática e teria sido respondida a primeira questão formulada no início do artigo.

Quanto à segunda questão, em Kant não pode existir uma crítica da razão jurídica. O conceito de direito envolve a noção de um outro agente imputável. Mas isto só pode ser pressuposto: "...o outro jamais é conceitualmente necessário, mesmo como postulado". Assim, a existência de uma pluralidade de outros agentes racionais não pode ser construída na teoria: "Na medida em que eu penso, eu só posso agir sob a ideia de minha autonomia. Mas isso é tudo".

De fato, todos os deveres são éticos. Essa mesma tese poderia ser formulada de outra maneira. Os imperativos jurídico-políticos são sempre hipotéticos. Se fosse acrescentada a sua condição ética aos antecedentes desses juízos hipotéticos, eles seriam justificados por proposições analíticas, o que evidencia a subordinação e a dependência desses imperativos à lei moral. Não há, assim, uma crítica autônoma da razão prática jurídica.

O sétimo artigo da coletânea, intitulado "Condições da autoridade e autorização em Hobbes", tem como objetivo interpretar o *Leviathan* como um projeto de justificação racional da autoridade. A tese fundamental a ser demonstrada é a seguinte: para os homens é mais racional a instituição do Estado (poder comum) do que a permanência no estado de natureza.

A primeira etapa do artigo pretende esclarecer certos conceitos e teses fundamentais da filosofia hobbesiana, como, por exemplo, os conceitos de ser humano, de razão, de condição natural. Na segunda etapa, é exposta, de maneira sintética, a teoria hobbesiana da autoridade, conceito central da filosofia política de Hobbes.

Segundo o artigo, o ponto de partida da reflexão hobbesiana é uma tese sobre a natureza dos entes finitos. Sob esse aspecto, as teses iniciais de Hobbes não parecem ser diferentes das de Espinosa: o indivíduo é um agregado, constituído por partes que mantêm uma unidade. Ele se esforça para manter essa unidade e, portanto, para se perseverar na existência. No homem, esse esforço é intencional. A intencionalidade é expressa pela razão e 'razão' significa, nesse contexto, cálculo: "estimativa das consequências da ação em relação a um fim dado".

Suposta a correção dessas teses, é demonstrada, em seguida, a igualdade entre os homens pela sua igual capacidade de matar:

> São iguais os que podem fazer coisas iguais uns em relação aos outros. Ora, aqueles que podem fazer as maiores coisas, a saber, matar, podem fazer coisas iguais. (Todo homem pode matar outro homem.) Portanto, todos os homens, entre eles, são por natureza iguais. (*De Cive* I, Capítulo III , citado no artigo)

Portanto, os homens são iguais pela sua natureza: são animais que calculam e que desejam, na medida em que se esforçam, enquanto homens racionais, a perseverar na existência. Dadas estas características da natureza humana, podem ser introduzidas duas noções centrais para filosofia hobbesiana: a de poder e a de direito.

O poder do homem consiste em seus meios, no presente, de obter um bem aparente no futuro. Como os entes são finitos e o seu poder é limitado, o poder de perseverar pode ter como obstáculo o poder de outros; pode, assim, ocorrer uma oposição entre poderes. "É suficiente admitir a possibilidade de que os poderes dos homens entrem em oposição para serem obrigados a aceitar *a necessidade da possibilidade* do conflito e da competição". Eis o que constitui a condição natural ou a condição de guerra entre os homens; ela é "racionalmente necessária".

A partir da condição natural do homem, pode ser definido o direito de natureza: "é a liberdade que cada qual possui de usar como quiser seu próprio poder para a preservação de sua própria natureza..." (citado no artigo, *Leviathan*, c. XIV). Em contrapartida ao direito de natureza, pode ser introduzida a noção de contrato: a renúncia recíproca de pôr obstáculos ao direito do outro.

O contrato seria, assim, o meio mais racional para o indivíduo perseverar na existência. De fato, significa a suspensão do estado de guerra e por isso pressupõe a reciprocidade, caso contrário, o direito de guerra não seria suprimido. Assim, duas condições justificam a necessidade do contrato: "1º) é racional, para a preservação da vida, preferir a paz à guerra; 2º) é racional transferir meu direito a tudo apenas sob a condição de que os outros façam o mesmo".

A institucionalização e consequente organização da transferência recíproca de direitos significa a instituição do Estado como um poder comum. O artigo termina extraindo uma serie de consequências dessas análises, procurando elucidar as noções de autorização, autoridade e a função do soberano.

A coletânea termina por onde começou o percurso filosófico do Prof. Balthazar, com um artigo intitulado "Sobre o positivismo lógico de Wittgenstein". De fato, *on revient toujours à ses premiers amours"*. Como se sabe, o Prof. Balthazar iniciou a sua carreira de pesquisador em filosofia escrevendo uma tese de doutorado, em Louvain na Bélgica, sobre Wittgenstein, dirigida pelo também saudoso e célebre Prof. Jean Ladrière. Esta tese será publicada em breve no Brasil.

O artigo analisa a seguinte questão: Seria correta a pretensão do positivismo lógico de recorrer ao *Tractatus* para fundamentar sua teoria verificacionista do sentido? Em outras palavras, a concepção do sentido do *Tractatus* teria engendrado a teoria do sentido verificacionista do positivismo lógico?

O artigo mostra que, de um lado, não há evidências conclusivas para mostrar que a "teoria" do sentido do *Tractatus* é verificacionista. De outro lado, certas proposições do livro criaram dificuldades que conduziram Wittgenstein, em textos posteriores ao *Tractatus*, a modificar progressivamente suas análises e se aproximar do verificacionismo do positivismo lógico.

No *Tractatus* é afirmada reiteradamente a conexão e, ao mesmo tempo, a independência entre sentido e verdade: a determinação do sentido independe da verificação de sua verdade: "O que sabemos quando compreendemos uma proposição é isto: sabemos o que é o caso se ela for verdadeira e o que é o caso se ela for falsa. Mas não sabemos necessariamente se ela é de fato verdadeira ou falsa"[10]. Além disso, ao contrário do positivismo lógico, o *Tractatus* não tem qualquer pretensão epistemológica de fundação do conhecimento: a teoria do conhecimento seria uma filosofia da psicologia.

---

[10] *Notes on logic*. In: *Notebooks*, 1914-16, Appendix 1. Oxford: Basil Blackwell, 1969, p. 93-94.

A concepção de sentido e verdade no *Tractatus* está conectada a outras teses fundamentais: [i] as proposições complexas são funções de verdade das proposições elementares; [ii] as proposições elementares são conexões de nomes, signos simples, que denotam objetos simples, que formam a substância do mundo e, finalmente, como consequência da "teoria" do sentido, é afirmado que [iii] as proposições elementares são logicamente independentes.

Tensões surgem no interior do *Tractatus* quando são analisadas as proposições 'isto é azul' e 'isto é vermelho. "Que, p. ex. duas cores estejam ao mesmo tempo num lugar do campo visual é impossível, e, na verdade, logicamente impossível, pois a estrutura lógica das cores o exclui" (Tr. 6.3751). Se aquelas proposições são "logicamente impossíveis" ('isto' denotando o mesmo ponto visual), elas não são proposições logicamente independentes e, portanto, não são proposições elementares. Como, então, definir as cores (que não seriam objetos simples) de tal maneira que, a partir da definição delas, possam ser formadas proposições complexas contraditórias que, por sua vez, poderiam ser decompostas em proposições elementares independentes? Se aquelas proposições são elementares, elas não podem ser logicamente impossíveis, a não ser que, além da necessidade lógica, seja introduzido outro tipo de necessidade. Porém, um novo tipo de necessidade, distinto da necessidade lógica, seria compatível com a análise lógica da linguagem do *Tractatus*? Como compatibilizar esse "novo gênero" de necessidade com a análise das proposições como funções de verdade? Dessa maneira, a questão da incompatibilidade entre as cores criou uma dificuldade para a explicação do funcionamento da linguagem tractariana.

Em busca da resposta à sua questão, o artigo analisa nos textos escritos por Wittgenstein entre 1929-1933 as diferentes soluções (e suas respectivas consequências) para o problema das cores. É, então, constatado que: "...a noção de verificabilidade [...] fornecerá, justamente, um tipo de relação a priori entre proposições que não se reduz a funções de verdade", o que aproximaria Wittgenstein do verificacionismo."

Inicialmente, é analisada a proposta do famoso artigo de 1929 sobre a forma lógica (*Some Remarks on Logical Form*). Esta pretensa solução agravou ainda mais as dificuldades acima enunciadas. Em vista disso, ela foi abandonada.

Em 1930, Wittgenstein formulou uma distinção importante: a distinção entre enunciados e hipótese. A verificabilidade das hipóteses *derivaria,* então, da verificabilidade das proposições fenomenológicas ou genuínas "as quais são definitivamente verificadas pelos fenômenos ou experiência primária", o que parece tornar Wittgenstein um verificacionista fenomenista, como assinala a contragosto o artigo. Já que um processo infinito de verificação é um contrassenso, as proposições genuínas devem ser "imediata e exaustivamente verificáveis". Elas são agora as proposições elementares do sistema e a verificação determinaria o sentido delas.

O artigo reflete sobre os meandros dessa solução. São analisadas duas questões emblemáticas que o *Tractatus* procurara explicar: a dos enunciados científicos e a dos signos simples. Em cada um desses casos é contraposta a explicação tractariana à explicação fenomenista, agora adotada.

Essas soluções aos problemas das cores foram formuladas ainda no horizonte do universo do *Tractatus*. Foram formuladas modificações ou alternativas para os impasses engendrados pela concepção tractariana da linguagem. Mas o fim dessa história conceitual não parece ser feliz, pois a última modificação é de fato uma ruptura com o *Tractatus*. Ela se manifesta quando Wittgenstein afirma "que os enunciados primários não são verificáveis pela razão simples de que é absurdo pedir uma verificação para eles". Assim, é negado o estatuto proposicional bipolar dos enunciados fenomenológicos. As razões que explicam essa ruptura são indicadas na parte final do artigo.

Dessa maneira, inicialmente, o artigo mostrou que a concepção da linguagem tractariana não é verificacionista. Mas as dificuldades engendradas por questões internas ao próprio *Tractatus* conduziram progressivamente Wittgenstein a se aproximar do verificacionismo. As novas soluções se distanciaram cada vez mais do *Tractatus*; o livro tornou-se um foco distante, incapaz de esclarecer as dificuldades. Por fim, o foco se extinguiu e emergiu uma nova concepção da linguagem. É o que afirma o fim desse brilhante artigo:

> Do *Tractatus* ao empiricismo lógico, há, é certo, um abismo, mas o abismo é estreito e o salto pareceu possível e inevitável. É esse salto que Wittgenstein arriscou por volta de 1930 e cujo fracasso terminou por levá-lo à total transfiguração do seu pensamento.

Após percorrer as sutis e brilhantes análises filosóficas dessa coletânea, o leitor certamente evocará a frase que encerra a *Ética* de Espinosa: "...*todas as coisas que são cintilantes são tão difíceis quanto raras.*" [11]

Raul Landim Filho

---

[11] "...*omnia praeclara tam difficilia, quam rara sunt*" (*Ética* V, *Spinoza opera*, v. II, edição de C. Gebhardt, Heidelberg: Carl Winter Universitätsverlag, 1972, p. 308).

Aristóteles e o Princípio de Bivalência[*]

Muitos intérpretes consideram que Aristóteles não pode refutar o determinismo lógico (que se atribui geralmente a Diodoro Crono e que é exposto e refutado no capítulo 9 do *De interpretatione*) sem limitar a validade irrestrita do princípio de bivalência[1]. Segundo o testemunho de Cícero (*De Fato*, X/20), Crisipo e Epicuro admitiam a implicação do princípio de bivalência irrestrito ao necessitarismo universal. Crisipo aceitaria o princípio sem restrição e, consequente-

---

[*] Este trabalho resultou de pesquisa apoiada pelo CNPq. Agradeço a Sílvia Altmann pelas discussões sempre esclarecedoras. Agradeço também a Raul Landim, Luiz Carlos Pereira, Luiz Henrique Lopes dos Santos e a Marco Zingano pelas observações e objeções, as quais me foram de grande valia.

[1] Ao que saiba, foi Lukasiewicz quem introduziu a denominação 'princípio de bivalência', atribuindo expressamente a ideia a Aristóteles. Cf. o apêndice a "Philosophical remarks on many-valued systems of propositional logic" (1967), p. 63-66.

34 BALTHAZAR BARBOSA FILHO

mente, o determinismo, enquanto Epicuro, ao contrário, recusando o determinismo, teria negado a universalidade irrestrita do princípio de bivalência.[2]

O princípio de bivalência diz simplesmente que só o discurso no qual reside o verdadeiro e o falso é um discurso veritativo (*De interpretatione*, 4, 16b33-17a7)[3]. Os intérpretes mencionados (e vários outros) sustentam que Aristóteles,

---

[2] Entre os comentadores antigos, pode-se apontar Simplício que, em seu comentário às *Categorias* – em 10, 407, 6-13, registra a inferência da bivalência universal ao necessitarismo e nega a validade irrestrita da primeira. Dentre os contemporâneos ou quase, cumpre mencionar Lukasiewicz que, em seu célebre artigo sobre o determinismo (1967, p. 19-39), atribui a restrição do princípio de bivalência a Aristóteles e a incorpora à sua construção de uma lógica trivalente; dizem o mesmo os Kneale (Kneale & Kneale, 1962, p. 47-48). P. T. Geach (1977, cap. 2) também recusa a universalidade absoluta do princípio. Em livro recente, P. Crivelli (2004) ao apresentar, no cap. 7, sua interpretação do *De interpretatione* 9, considera que Aristóteles aceita a inferência da bivalência ao determinismo, nega o determinismo, e, portanto, nega a bivalência irrestrita. É o que sustenta igualmente C. Michon (2004, cap. 4), que não hesita em afirmar que Aristóteles admite, "sem dúvida, que uma frase declarativa pode ser nem verdadeira nem falsa" (p. 77). J. Vuillemin (1984, cap. VII, s. 33) interpreta do mesmo modo. Vão no mesmo passo R. Sorabji (1980, cap. 5), D. Ross (1924, vol. I, p. LXXXI) e D. Frede (1970 e 1985). C. W. A. Whitaker sustenta, ao contrário, que Aristóteles, no cap. 9 do *De interpretatione*, não rejeita o princípio de bivalência ("Toda asserção é ou verdadeira ou falsa", p. 111), mas o que o autor denomina a "Regra dos Pares Contraditórios": "De todo par contraditório, um membro é verdadeiro e o outro, falso" (1996, p. 79).

[3] J. Barnes, em artigo recente, (2005) traduz (p. 68) a expressão grega '*logos apophantikos*' por '*phrase assertorique*'; a tradução parece infeliz, pois pode dar a supor que uma proposição usada não assertoricamente, como o antecedente ou o consequente de uma condicional, não é bivalente. Crivelli (2004, p. 7) é mais radical: para Aristóteles, diz ele,

TEMPO, VERDADE E AÇÃO

na sua refutação do necessitarismo lógico, teria excluído dessa definição os enunciados singulares futuros em matéria contingente. Tais enunciados não seriam, pois, nem verdadeiros nem falsos. Ter-se-ia aqui, por conseguinte, um limite da validade do princípio de bivalência.

Essa limitação, todavia, paga um preço elevado. Não se vê bem, com efeito, caso se adote a restrição, como os enunciados excluídos podem manter relações lógicas. Se, por exemplo, o enunciado (singular, futuro e, por hipótese, em matéria contingente) 'Amanhã irei a São Paulo' não tem valor-de-verdade, não sendo, portanto, nem verdadeiro nem falso, será difícil compreender sua negação 'Amanhã não irei a São Paulo', a qual, pela mesma razão, será também desprovida de valor-de-verdade. (Está-se a supor aqui três coisas. A primeira é que a lógica de Aristóteles é bivalente, isto é, que ele reconhece dois e apenas dois valores de verdade, o verdadeiro e o falso. A segunda é que ele aceita a validade irrestrita do princípio do terceiro excluído, a qual, de resto, o filósofo sublinha fortemente no livro Gama da *Metafísica* e no mesmo capítulo 9 do *De interpretatione.* A terceira suposição é a concepção clássica aristotélica da negação, segundo a qual ela é uma operação sobre proposições tal que a negação de uma proposição verdadeira é falsa e a negação de uma proposição falsa é verdadeira.) Ademais, se me acontece de eu não ir a São Paulo amanhã, o que é dito pelo enunciado, proferido depois de amanhã, 'Ontem eu não fui a São Paulo' é obviamente verdadeiro. Mas, dada a caracterização aristotélica da negação, não se poderia dizer que ele é a ne-

---

"toda sentença que é verdadeira ou falsa é uma sentença assertórica ou (como Aristóteles frequentemente as denomina) uma asserção". Nesse caso, não se percebe como Aristóteles poderia ter investigado o silogismo hipotético, por exemplo, nos *Primeiros analíticos,* I, 23.

gação (no sentido clássico) do que é dito pelo enunciado, proferido hoje, 'Amanhã irei a São Paulo', pois esse, na interpretação em exame, não possui (ainda) valor-de-verdade. Mas é ainda mais grave, pois a restrição ao princípio de bivalência termina por afetar a universalidade absoluta do princípio do terceiro excluído, a qual Aristóteles, como acaba de ser lembrado, reitera na *Metafísica* e no *De interpretatione*.

Penso que essa compreensão de Aristóteles está fundada num duplo erro. Por um lado, sobre uma incompreensão da formulação precisa, segundo Aristóteles, dos primeiros princípios lógico-ontológicos, em particular do princípio de bivalência. Por outro – mas é somente uma consequência da primeira confusão –, essa interpretação não logra apreender adequadamente a concepção aristotélica de valor-de-verdade (isto é, do que é, para um enunciado, ser verdadeiro-ou-falso, ter valor-de-verdade) e, pois, da verdade simplesmente. Esta nota pretende indicar onde exatamente está o equívoco concernente à formulação correta do princípio aristotélico da bivalência.

É bem conhecida a passagem da *Crítica da Razão Pura* em que Kant fala do "Princípio Supremo de todos os Juízos Analíticos" e critica uma formulação nitidamente aristotélica do princípio de contradição. Ele escreve:

> Mas há uma fórmula deste princípio célebre [...] que contém uma síntese nele introduzida por *descuido* e de modo completamente *desnecessário*. Diz assim: é impossível que algo seja e não seja ao mesmo tempo. Além do fato de lhe ter sido aqui acrescentada superfluamente a certeza apodítica (mediante a palavra *impossível*), que deve poder ser compreendida por si mesma a partir do princípio, este é afetado pela condição do tempo. [...] Ora, o princípio de contra-

dição, enquanto princípio meramente lógico, não deve restringir suas asserções a relações de tempo.[4]

Será, de fato, um acréscimo desapurado, sem nenhuma necessidade?

Antes de mais nada, convém lembrar que os princípios lógicos sempre têm em Aristóteles um fundamento ontológico. Isso depende da sua noção de verdade, a qual é parte essencial da formulação lógica dos primeiros princípios. Aristóteles no-lo lembra mais uma vez ao tratar justamente, também no mesmo capítulo IX do *De interpretatione*, dos enunciados singulares futuros em matéria contingente, quando diz que todo e qualquer enunciado é verdadeiro segundo o modo como as coisas mesmas são (cf. 19a33-34)[5]. Por outro lado, o filósofo já fundou, contra os argumentos eleatas, a possibilidade lógica da mudança e reconheceu também a irredutibilidade ontológica de seres mutáveis, sujeitos a mudança... ora, sem tempo não há mudança (*Física* IV, 10-14). É preciso, então, introduzir o tempo na fórmula dos primeiros princípios, os quais, enquanto princípios do ser enquanto ser, devem aplicar-se a tudo o que é e, por consequência, também a seres mutáveis e, pois, temporais. Ora, dado que Aristóteles toma o princípio de não-contradição como o primeiro princípio por excelência[6] e que o temporaliza, é de se esperar que ele igualmente cometa o mesmo "descuido" "sintetizante", isto é, temporalizante, na formulação dos demais princípios primeiros (do terceiro excluído, por exemplo).

Consideremos, então, o princípio da bivalência que, vale repetir, reza que um enunciado é veritativo se e somente

---

[4] *Crítica da razão pura*, B191/A152-B192/A153 – os grifos são meus.

[5] O brocardo medieval correspondente é: *Veritas sequitur esse rerum.*

[6] *Metafísica*, Gama, 1006a4,11.

se ele é verdadeiro ou falso. Na sua forma mais elementar, os enunciados são, segundo Aristóteles, temporais. Eles são, com efeito, compostos de nomes e verbos e esses, diz ele[7], cossignificam o tempo.

> Todo enunciado veritativo deve necessariamente conter um verbo ou uma flexão de um verbo, pois mesmo a definição de homem ainda não é um enunciado veritativo, a menos que se acrescente 'é' ou 'será' ou 'foi' ou algo assim.[8]

Perguntemos, agora, se a flexão do verbo 'ser' na expressão 'é verdadeiro ou falso' significa o tempo presente ou se significa o presente omnitemporal. Tomem-se como exemplos as proposições 'O homem é mortal', '5 mais 7 é 12' ou '4 é par'. Nos três casos, parece evidente que a flexão "temporal" (o tempo gramatical presente) 'é' é equivalente a 'é, foi e será'. ('5 mais 7 é 12' e 'O homem é mortal', com efeito, equivalem, respectivamente, a '5 mais 7 é, foi e será 12' e a 'O homem é, foi e será mortal'). Ao contrário, seria absurdo supor que o tempo presente do verbo em 'Estou no Rio de Janeiro' ou em 'Sou fumante' seja equivalente a 'estive, estou e estarei', a 'fui, sou e serei'. Como já advertido, o lógico, em Aristóteles, sempre tem fundamento no ser. É porque o necessário não é temporal que devemos dizê-lo não-temporalmente ou (mas dá no mesmo em Aristóteles) omnitemporalmente. Isso vale para todo enunciado matemático, para enunciados de essência como 'O homem é racional' ou para proposições sobre o supralunar como 'O Sol se levanta'. Ao contrário,

---

[7] *De interpretatione*, 3, 16b6-7.

[8] *De interpretatione*, 5, 17a9-11.

quando as coisas são nelas mesmas (vale dizer, por essência) temporais, só podemos dizê-las com verdade por meio de enunciados eles próprios temporais.

A formulação exata do princípio da bivalência torna-se, por conseguinte, algo como "Um enunciado é veritativo se e somente se ele é, foi ou/e será verdadeiro ou bem ele é, foi ou/e será falso". (A conjunção 'e' se aplica aos enunciados necessários e a disjunção 'ou', aos contingentes[9].) Quando os enunciados aos quais aplicamos a fórmula são necessários, essas flexões verbais são supérfluas e vazias, já que não introduzem nenhum sentido temporal próprio (dado que não "cossignificam o tempo", como escreve Aristóteles no capítulo 3 do *De interpretatione*), pois o necessário é omnitemporal. Nesses casos, 'é, foi e será' equivale ao presente omnitemporal 'é'. Se se trata, ao contrário, de enunciados contingentes, é preciso que princípio de bivalência seja temporalizado no sentido indicado (com a disjunção 'ou'). Aristóteles, ao que parece, o diz expressamente no capítulo 9 do *De interpretatione*, em particular a partir de 19a30, quando introduz e analisa o exemplo da futura batalha naval. Em 19a31-39, ele afirma notadamente que a proposição célebre 'Amanhã haverá uma batalha naval' "*ainda* não é nem verdadeira nem falsa, mas ela será necessariamente ou uma ou outra, pois, necessariamente, amanhã haverá uma batalha naval ou não haverá". Ele de modo algum precisa, portanto, restringir o alcance do princípio de bivalência.

Por outro lado, constata-se também que essa compreensão do princípio da bivalência permite ao filósofo preservar intactas todas as relações lógicas *sem* precisar introduzir um terceiro valor-de-verdade. Retome-se um dos exemplos ante-

---

[9] Os conectivos 'e' e 'ou' não são aqui verifuncionais.

riores. Admitida a temporalização do princípio de bivalência, fica evidente que o que diz o enunciado, proferido depois de amanhã, 'Ontem não fui a São Paulo' ('Não é, não foi e não será verdade que ontem fui a São Paulo'[10]) é bem a negação clássica do que diz o enunciado, proferido hoje, 'Amanhã irei a São Paulo' ('É, foi ou será verdade que amanhã irei a São Paulo'). Para ficar clara a contradição entre 'Amanhã haverá uma batalha naval' ('É, foi ou será verdadeiro que amanhã haverá uma batalha naval') e 'Amanhã não haverá uma batalha naval' ('Não é, não foi ou não será verdadeiro que amanhã haverá uma batalha naval'), cabe um esclarecimento acerca de uma dificuldade aparente. No par contraditório 'É, foi ou será verdadeiro que amanhã haverá uma batalha naval' e 'Não é, não foi ou não será verdadeiro que amanhã haverá uma batalha naval', a contradição, é evidente, ocorre em cada par de cada uma das locuções temporais veritativas afirmativa e negativa seguida da frase 'Amanhã haverá uma batalha naval'. Assim, 'É verdade' / 'Não é verdade', 'Foi verdade' / 'Não foi verdade' e 'Será verdade' / 'Não será verdade' formarão os pares contraditórios.

Essas observações permitem compreender melhor a concepção aristotélica de valor-de-verdade. Quando Aristóteles afirma[11] que um enunciado é veritativo se e somente se ele é verdadeiro ou falso – isto é, se ele tem valor-de-verdade – o que essa definição significa exatamente? Um começo de resposta consiste no seguinte. Um enunciado tem valor-de-verdade se o real é, foi e/ou será tal como o enunciado diz que ele é, foi e/ou será (e, nesse caso, o enunciado é, foi e/ou

---

[10] É oportuno observar que a proposição no passado, dada a concepção aristotélica da necessidade do passado, é , ela, necessária e, portanto, omnitemporal.

[11] *De interpretatione*, 4.

TEMPO, VERDADE E AÇÃO

será verdadeiro) ou então o real não é, não foi e/ou não será tal como o enunciado diz que ele é, foi e/ou será (e, nesse caso, o enunciado será falso). É o que Aristóteles parece dizer no final do cap. 9 do *De interpretatione*, quando afirma que, de um par contraditório de enunciados singulares futuros contingentes, é necessário que um dos dois seja verdadeiro e o outro falso, não, todavia, este ou aquele em particular, pois nenhum ainda é verdadeiro ou falso. Nessa passagem, Aristóteles parece distinguir entre o que é, para uma proposição, ter valor-de-verdade e o que é, para uma proposição, ter *um* (dentre dois possíveis) valor-de-verdade.

Essa diferença está luminosamente expressa num trecho (o qual justamente comenta o capítulo 6 do *De interpretatione* de Aristóteles) da apresentação de Lopes dos Santos à sua tradução do *Tractatus logico-philosophicus* de Wittgenstein, que passo a transcrever.

> Dados dois nomes, sujeito e predicado possíveis de um enunciado predicativo afirmativo ou negativo ("A é B", "A não é B"), abrem-se uma alternativa no plano das coisas e uma no plano da enunciação. As coisas nomeadas podem existir combinadas ou separadas, pode-se enunciar que existem combinadas ou que existem separadas. O enunciado afirmativo realiza a primeira possibilidade enunciativa em detrimento da segunda, o negativo realiza a segunda em detrimento da primeira. Se a possibilidade enunciativa realizada corresponde à possibilidade realizada no plano das coisas, o enunciado é verdadeiro; caso contrário, é falso. O enunciado predicativo é caracterizado, portanto, como veículo de uma *escolha*, veiculada pelo verbo, que consiste em privilegiar um entre dois polos de uma alternativa exclusiva. O enunciado afirmativo privilegia, apresentando-a como real, a

42 BALTHAZAR BARBOSA FILHO

possibilidade da combinação em detrimento da possibilidade da separação; o negativo privilegia esta em detrimento daquela. Caracterizar a proposição como bipolar é entender que a essência da representação proposicional reside nessa escolha, no privilégio que por meio da proposição se atribui a um dos polos de uma alternativa em prejuízo do outro. Toda proposição apresenta algo como real, mas algo que, em princípio, poderia não o ser. Assim, lembra Aristóteles, tudo que se pode afirmar pode-se negar e vice-versa[12].

É como segue, então, a lição dessas linhas sobre a natureza essencial do enunciado veritativo segundo Aristóteles e, por via de consequência, sua concepção do princípio de bivalência. Um enunciado é veritativo, tem valor-de-verdade, se ele divide, por assim dizer, o ser (o espaço lógico, dirá Wittgenstein no *Tractatus*) em duas e somente duas alternativas possíveis. Compete ao ser, a o-que-é, determinar qual das duas alternativas é, foi ou/e será atual. Quando se diz 'Amanhã haverá uma batalha naval', o enunciado divide o ser em duas e somente duas alternativas possíveis e exclusivas, uma – e só uma – das quais é, foi ou/e será atual. Nisso consiste o que é, para um enunciado, ser bivalente, isto é, ter valor-de-verdade.

Poder-se-ia, então, dizer que a interpretação criticada nesta nota, ao não distinguir entre ter valor-de-verdade e ter determinadamente *um* valor-de-verdade (dentre dois e somente dois possíveis valores-de-verdade), comete a falácia da

---

[12] Wittgenstein, *Tractatus logico-philosophicus* (edição de 1993), p. 22. V. também A. N. Prior (1976), p. 15.

TEMPO, VERDADE E AÇÃO

43

divisão, a qual é, precisamente, criticada por Aristóteles ainda no mesmo capítulo IX:

> Toda coisa necessariamente é ou não é e será ou não será, *mas não se pode dividir* e dizer que uma ou a outra é necessária. Tomo um exemplo: é necessário que ocorra ou não ocorra uma batalha naval amanhã; mas não é necessário que uma batalha naval ocorra amanhã nem é necessário que uma batalha naval não ocorra amanhã – embora seja necessário que uma batalha naval ocorra ou não ocorra amanhã. (19a29-33).

Aristóteles descreve a falácia da divisão numa passagem clara das *Refutações Sofísticas* – IV, 166a23-30 – que convém citar.

> Dependem da combinação os exemplos seguintes: É possível caminhar-estando-sentado [estando sentado, é possível ao mesmo tempo caminhar] ou é possível escrever-não-escrevendo [não escrevendo, é possível ao mesmo tempo escrever]. Com efeito, não se significa a mesma coisa se se divide ou se se combina quando se diz que é possível caminhar estando [ao mesmo tempo] sentado. E isso vale também para o outro exemplo, se se combina "escrever não escrevendo", pois isso significa que se pode não escrever [ao mesmo tempo] escrevendo [escrever e, ao mesmo tempo, não escrever]. Mas se não se combina, isso significa que, quando não se está escrevendo, tem-se a possibilidade de escrever.

O que Aristóteles faz nesse passo é, ao mesmo tempo, denunciar a óbvia falácia relativa ao escopo do operador modal e indicar a necessidade de introduzir qualificações temporais. Aplicadas à refutação do fatalismo lógico, a crítica aristotélica está em mostrar que o argumento megárico comete justamente essa falácia.

Para perceber que essas observações se aplicam ao que se examina aqui quanto ao princípio de bivalência, cabe observar o que segue. Aparentemente, a passagem das *Refutações Sofísticas* limita-se a revelar a distribuição falaz do operador modal 'É possível' (ou 'Possivelmente'), resultando na contradição 'É possível $(p \& {\sim}p)$', o que parece não estar em jogo no caso do princípio de bivalência. É preciso lembrar, todavia, que Aristóteles adverte, ainda no capítulo 9 do *De interpretatione* (como acima citado), que o que é necessariamente é quando é. Dada a convertibilidade aristotélica do ser e do verdadeiro (cf., e.g., *Categorias*, 12, 14b16-23), pode-se então dizer que todo enunciado verdadeiro, quando verdadeiro, é necessário. E o mesmo, é claro, *mutatis mutandis*, vale para o falso. Ao recusar, portanto, a distribuição dos valores-de-verdade no princípio de bivalência, Aristóteles tem em vista algo como a seguinte definição do princípio: 'Necessariamente (p é verdadeiro-ou-falso)' no sentido antes assinalado. A distribuição do valor-de-verdade resulta em: 'Necessariamente (p é verdadeiro ou p é falso)'. Aplicando-se a necessidade temporal do verdadeiro, ter-se-á: 'Necessariamente (p é necessariamente verdadeiro quando verdadeiro ou p é necessariamente falso quando falso)'. Se se afirma, pois, que a proposição 'Amanhã haverá uma batalha naval' já é *hoje* ou *sempre* verdadeira ou já é *hoje* ou *sempre* falsa, a consequência é a necessidade da ocorrência ou da não-ocorrência da batalha naval amanhã, que é, precisamente, o necessitarismo lógico que Aristóteles deseja evitar.

A mesma falácia será também acusada por Amônio, em seu comentário ao capítulo 9 do *De interpretatione*[13] e, sob o

---

[13] Cf. Ammonius, *On Aristotle* On Interpretation *9.*

TEMPO, VERDADE E AÇÃO

nome de "distribuição", por Boécio[14] e São Tomás de Aquino[15] em seus comentários ao mesmo capítulo de Aristóteles. Esses dois últimos comentadores, ao introduzir a noção de determinação do valor-de-verdade (ou melhor, de verdadeiro ou falso de modo determinado), indicam uma diferença de natureza *lógica* entre os enunciados em matéria contingente e os enunciados em matéria necessária. Com efeito, para todo enunciado que não é singular, futuro e em matéria contingente, vale a seguinte lei de *distribuição* ou *divisão*: se p é um enunciado veritativo, isto é, se p tem valor-de-verdade, isto é ainda, se p é verdadeiro-ou-falso, então ou p-é-verdadeiro ou p-é-falso. Ora, assim omnitemporalmente formulada, essa lei justamente não vale para os enunciados contingentes. Por um lado, são bem enunciados veritativos, o que significa que eles têm valor-de-verdade. Mas, enquanto futuros (e contingentes), ainda não têm determinado um dos dois valores-de-verdade. A lei de distribuição só se aplica a eles se o princípio da bivalência for temporalizado. Ao introduzir o ½ ou o I (por indeterminado) como terceiro valor-de-verdade, Lukasiewicz, tentando corrigir Aristóteles, erra por desconsiderar que o adjetivo 'determinado' e as expressões cognatas não qualificam a verdade ou a falsidade, mas a "divisão" ou "distribuição". Não há, em Aristóteles, espécies ou tipos de verdade, a verdade *simpliciter*, determinada, e a verdade indeterminada. É óbvio que a distribuição do operador modal em 'É necessariamente verdade que $(p \vee \mathbin{\sim} p)$' é um erro lógico. Mas, segundo Aristóteles, a distribuição do 'É verdade que' em 'É verdade que $(p \vee \mathbin{\sim} p)$' é igualmente um erro

---

[14] Cf. Boécio, *Comentarii in librum Aristotelis Peri Hermeneias.*

[15] Cf. Tomás de Aquino, *In libros Peri Hermeneias expositio* (Ed. Marietti, 1955).

lógico, salvo quando a flexão 'é' é tomada em sentido omnitemporal. Nesse caso, com efeito, a proposição a que se apõe o 'É verdade que' é necessária, ou por necessidade lógico-ontológica ('É verdade que o homem é um animal racional', 'É verdade que a diagonal é incomensurável') ou por necessidade física ('É verdade que o Sol se levantará amanhã') ou por necessidade temporal ('É verdade que ontem houve uma batalha naval'). Uma vez feita verdadeira, toda proposição é necessária, pois, cumpre repetir, "o que é necessariamente é quando é e o que não é necessariamente não quando não é" (*De interpretatione*, 9, 19a23-25).

Resta para concluir, perguntar pelo apoio textual à concepção aqui apresentada. Por que, finalmente, Aristóteles, no *De interpretatione*, não trata da temporalização até o capítulo 9? Parte da resposta deve ser buscada, ao que parece, no fato de Aristóteles estar, antes (e, de maneira geral, no *Organon*), particularmente interessado nos enunciados epistêmicos, estritamente universais ou no mais das vezes. Tais enunciados, não singulares, não futuros e em matéria não contingentes, são necessários e, para eles, as distinções temporais não apresentam significação distinta. Na sugestão aqui apresentada, a bivalência (ou bipolaridade) desses enunciados pode ser expressa pelo presente omnitemporal. Talvez seja também essa a razão pela qual Aristóteles, na *Física,* ao introduzir a noção de tempo de que precisa para compreender os enunciados da ciência física, o defina pelo antes e o depois, os quais são independentes do passado, do presente e do futuro. Mas não é assim no que concerne às coisas contingentes, especificamente à ação humana. Quem sabe seja essa a razão última de Aristóteles de temporalizar os primeiros princípios lógicos.

Mais uma vez, a lógica, em Aristóteles, sempre segue a ontologia. Mas isso não surpreende ninguém.

Referências Bibliográficas

Ammonius. *On Aristotle* On Interpretation *9*. Tradução de D. Blank. Londres: Duckworth, 1998.

Barnes, J. "Les catégories et les *Catégories*". In: O. Bruun e L. Corti (eds.) *Les* Catégories *et leur histoire*. Paris: Vrin, 2005, p. 11-80.

Boécio. *Boethi comentarii in librum Aristotelis* Peri Hermeneias. Edição de K. Meiser. Leipzig, 1877-1880, 2 vols.

Crivelli, P. *Aristotle on Truth*. Cambridge University Press, 2004.

Frede, D. "The sea-battle reconsidered. A defence of the traditional interpretation". *Oxford studies in ancient philosophy* 3. Oxford: Clarendon Press, 1985, p. 31-87.

Frede, D. *Aristoteles und die Seeschlacht*. Göttingen: Hypommenata 27, 1970.

Geach, P. T. *Providence and evil*. Cambridge University Press, 1977.

Kneale, W. & Kneale, M. *The development of logic*. Oxford: Clarendon Press, 1962.

Lukasiewicz, W. "Philosophical remarks on many-valued systems of propositional logic". In: S. Mccall (ed.). *Polish logic 1920-1939*. Oxford: Clarendon Press, 1967, p. 40-65. (original publicado na Polônia em 1930)

Michon, C. *Prescience et liberté*. Paris: PUF, 2004.

Prior, A. N. *The doctrine of propositions and terms*. Edição de P. T. Geach e A. J. P. Kenny. Londres: Duckworth, 1976.

Ross, D. *Aristotle's* Metaphysics. Oxford: Clarendon Press, 1924, 2 vols.

Sorabji, R. *Necessity, cause and blame*. Londres: Duckworth, 1980.

Tomás De Aquino. *Sancti Thomae Aquinatis in libros* Peri Hermeneias *expositio*. Turim: Marietti, 1955.

48 BALTHAZAR BARBOSA FILHO

Vuillemin, J. *Necessité ou contingence*. Paris: Les Éditions de Minuit, 1984.

Whitaker, C. W. A. *Aristotle's* De interpretatione. Oxford: Clarendon Press, 1996.

Wittgenstein, L. *Tractatus logico-philosophicus*. Tradução e apresentação de Luiz Henrique Lopes dos Santos. São Paulo: EDUSP, 1993.

Wittgenstein's Tractatus. New York: Routledge and Kegan Paul, 1966, pp. 31-37.

Wittgenstein, L. *Letters to Russell, Keynes and Moore*. Edição e introdução de G. H. von Wright. Oxford: Blackwell, 1974.

Wittgenstein, L. *Notebooks 1914-16*. Edição de G. H von Wright & G. E. M. Anscombe, tradução de G. E. M. Anscombe. Oxford: Blackwell, 1961.

Wittgenstein, L. *Philosophische Bemerkungen*. Edição de R. Rhees. Oxford: Blackwell, 1964.

Wittgenstein, L. *Philosophische Untersuchungen*. Edição de G. Pitcher. Londres: Macmillan, 1968.

Wittgenstein, L. *Tractatus logico-philosophicus*. Tradução de D. F. Pears & B. F. McGuinness. Londres: Routledge & Kegan Paul, 1961.

Wittgenstein, L. "Wittgenstein's notes for lectures on 'private experience' and 'sense data'". Ed. R. Rhees, reeditado in: O. R. Jones (ed.). *The private language argument*. Toronto: Macmillan, 1971, p. 229-275.

Nota sobre o conceito
Aristotélico de verdade[*]

O ponto de partida desta nota é a caracterização geral do necessário que se encontra em Aristóteles. No capítulo 5 do livro Delta da *Metafísica* (1015a34-36), está escrito o seguinte:

> Quando uma coisa não pode ser de outro modo senão como ela é, dizemos que é necessário que seja assim. E dessa necessidade derivam, de algum modo, todas as outras necessidades.[NE]

---

[*] Este trabalho resultou de pesquisa apoiada pelo CNPq e pelo PRONEX *Lógica, Ontologia, Ética*. Agradeço a Sílvia Altmann pelas esclarecedoras discussões e, sobretudo, por me ter salvo de um grave impasse lógico.

[NE] *As traduções aqui presentes dos trechos das obras de Aristóteles são todas de responsabilidade do autor.*

Provisoriamente, poderíamos classificar do seguinte modo os diferentes tipos de necessidade que Aristóteles reconhece: (1) a necessidade lógico-ontológica, que se exprime nos primeiros princípios do ser e do logos; (2) a necessidade física ou natural, cujo fundamento e expressão está nas leis causais da natureza; (3) a necessidade temporal ou do passado, da qual falamos habitualmente quando dizemos que o passado é inevitável, inelutável ou imutável (Aristóteles a menciona, por exemplo, no capítulo 2 do livro VI da *Ética a Nicômaco*, quando diz que o passado não pode não ter sido. E ele cita o trágico Agathon: "pois há uma coisa da qual Deus mesmo é privado: é de fazer que o que foi não tenha sido" (1139b9-11) e (4) a necessidade que poderíamos chamar de veritativa. Aristóteles a apresenta na primeira frase do capítulo 9 do *Da Interpretação*: "a afirmação ou a negação sobre as coisas presentes ou passadas é necessariamente verdadeira ou necessariamente falsa" (18a28-29). E, mais explicitamente, em 19a23-24: "O que é necessariamente é quando é; e o que não é necessariamente não é quando não é". No jargão escolástico, a fórmula é: "*omne quod est quando est necesse est esse*"[1].

É esse último tipo de necessidade e sua relação com a concepção aristotélica de verdade que pretendo investigar aqui. Como se sabe, ela desempenha um papel central na refutação do fatalismo lógico que se encontra nesse mesmo capítulo do *Da Interpretação*.

---

[1] A fórmula remonta a Boécio. Ela está, por exemplo, no segundo comentário à passagem em 19a23 do *Da interpretação* de Aristóteles. Cf. Boécio, *Commentarii in librum Aristotelis Peri Hermeneias.*

I

É conveniente começar por uma lembrança sumária da noção aristotélica de verdade. Em termos estritos, não se trata de uma definição nem de uma teoria, mas, antes, de um critério de adequação material que qualquer definição ou teoria deve satisfazer como condição inicial de plausibilidade. No capítulo 7 do livro Gama da *Metafísica*, Aristóteles caracteriza a verdade assim: "Dizer do que é que ele não é e do que não é que ele é, é o falso; dizer do que é que ele é e do que não é que ele não é, é o verdadeiro" (1011b26-27). Essa apresentação é retomada no capítulo 10 do livro Theta, no capítulo 12 das *Categorias* e no capítulo 9 do *Da Interpretação*. Convém citar o texto das *Categorias*, que parece o mais explícito e o mais completo para os propósitos deste estudo:

> Se, com efeito, o homem existe, a proposição pela qual nós dizemos que o homem existe é verdadeira; e, reciprocamente, se a proposição pela qual nós dizemos que o homem existe é verdadeira, o homem existe. Contudo, a proposição verdadeira não é de modo algum causa da existência da coisa; ao contrário, é a coisa que parece ser, de algum modo, a causa da verdade da proposição, pois é da existência da coisa ou da sua não existência que dependem a verdade ou a falsidade da proposição. (14b16-23)

Esse texto apresenta duas teses. Primeiro, a convertibilidade ou a reciprocidade do ser e do verdadeiro, isto é, tudo que podemos dizer das coisas podemos dizê-lo igualmente falando das proposições verdadeiras correspondentes. *A voce ad rem*: se um enunciado é verdadeiro, a coisa é; e *a re ad vocem*: se a coisa enunciada é, o enunciado é verdadeiro. Poder-se-ia daí concluir, precipitadamente, a equivalência do verdadeiro e do ser. Teríamos então a fórmula de Tarski: a proposição 'a neve é branca' é verdadeira se e somente se a neve é branca[2]. Mas seria um erro, pois há, justamente, uma segunda tese no texto citado, a saber, a prioridade do ser sobre o verdadeiro. Não é a verdade do enunciado que é causa da realidade; é, ao contrário, a realidade que é causa da verdade do enunciado. Essas duas teses podem ser expressas em termos escolásticos: a primeira torna-se *ens et verum convertuntur* e a segunda, *veritas sequitur esse rerum*.

Na expressão simplificada e informal de seu artigo célebre de 1933 ("A concepção semântica da verdade"), Tarski menciona Aristóteles muitas vezes, dizendo que seu conceito de verdade não é mais do que uma versão rigorosa e formal da concepção aristotélica[3]. Em linhas gerais, pode-se dizer que o conceito tarskiano formaliza, com os recursos da lógica de Frege, a primeira característica da noção aristotélica de ver-

---

[2] Convém assinalar, como outros já o fizeram, M. Dummett em particular, que as chamadas sentenças-V da forma "'A neve é branca' é verdadeira se e somente se a neve é branca" não fazem parte da teoria tarskiana da verdade; antes, a derivabilidade de todas as sentenças-V pertencentes à linguagem-objeto constitui um critério para a adequação de sua definição de verdade. Assim, uma definição tarskiana de verdade não expõe a verdade de todas as sentenças-V. Ela sequer emprega a noção de uma sentença-V; simplesmente, toda sentença-V é uma consequência da definição. Cf. M. Dummett (1978), *passim*.

[3] O artigo "O conceito de verdade em linguagens formalizadas" foi publicado originalmente em polonês em 1933. A tradução inglesa utilizada encontra-se em Tarski (1956), pp. 152-278. A versão simplificada ("The semantic conception of truth"), de 1944, foi reeditada *in*: Feigl & Sellars (1949). Nesse último artigo, Tarski declara (p. 53-54) que "gostaria que minha definição [de verdade] faça justiça às intuições ligadas à concepção aristotélica clássica de verdade".

TEMPO, VERDADE E AÇÃO

dade. Ela pode ser expressa em duas etapas: (1) Se a proposição que diz que está chovendo é verdadeira, então está chovendo (passamos do lógico ao real). (2) Se está chovendo, então a proposição que diz que está chovendo é verdadeira (passamos do real ao lógico). Dadas as duas transições, segue-se a equivalência do ser e da verdade ou, em termos tarskianos: a proposição '*p*' é verdadeira se e somente se *p*.

A primeira pergunta que se impõe é se as duas concepções de verdade, a de Aristóteles e a de Tarski, são idênticas. É a partir da resposta a ela que serão investigadas as relações entre verdade e necessidade segundo Aristóteles.

II

Para começar, tomemos um enunciado capaz de exemplificar a necessidade temporal. Seja a proposição 'Júlio César foi assassinado nos idos de março de 44 antes de Cristo'. Convém assinalar desde logo que, se essa proposição é necessária, ela não o é pela necessidade lógico-ontológica. Com efeito, não há impossibilidade lógico-ontológica na negação desse enunciado, isto é, 'Júlio César *não* foi assassinado etc.'. A negação, é claro, torna a proposição falsa, mas não impossível ou contraditória. Por outro lado, a necessidade da proposição tampouco provém, segundo Aristóteles, da necessidade física ou natural. O acontecimento que ela descreve não é determinado pelas leis da natureza, pois a proposição expressa algo *contingente*, isto é, que poderia tanto ter ocorrido quanto não ter ocorrido. Nesse caso, porém, em que sentido pode-se ainda dizer que ela é *necessária*? Não há aqui, todavia, senão uma contradição aparente. *Antes* dos idos de março de 44 a.C., o assassinato de César poderia tanto ocorrer quanto não ocorrer. Isso dependia, isto é, estava em poder, dos assassinos. (Observe-se que só podemos descrevê-los como assassinos *ex post*.) Uma vez cometido, contudo, o assassinato de César torna-se necessário no sentido de que é agora *impossível tornar* falsa a proposição que diz que César foi assassinado. É impossível que o que foi não tenha sido. É contraditório supor o contrário (que o que foi não foi).

Esse mesmo resultado vale também para as proposições que enunciam um fato presente. Seja 'Estou sentado agora'. Se essa proposição é verdadeira, a concepção aristotélica de verdade nos diz que o real está completamente determinado em relação a ela. Em outros termos, é impossível que essa proposição ('Estou sentado agora') seja verdadeira e, ao mesmo tempo, que eu não esteja sentado. A verdade da proposição parece, pois, acarretar a necessidade da existência do estado de coisas que lhe corresponde[4]. Poderíamos dizê-lo nos seguintes termos: dada a verdade de uma proposição, nada pode ser feito em relação ao estado de coisas que a torna verdadeira.

Antes de prosseguir, convém resumir o modo como Aristóteles explica esse tipo de necessidade. Como foi dito acima, a necessidade de que se trata nos dois casos não se reduz nem à necessidade lógico-ontológica nem à necessidade natural. E pela mesma razão. Com efeito, os enunciados tomados como exemplos ('Júlio César foi assassinado etc.' e 'Estou sentado agora') são ambos em matéria contingente. Para Aristóteles, algo é contingente se pode tanto ser quanto não ser. No caso da ação humana, a contingência repousa sobre a potência dos contrários. É verdade que estou sentado agora. Mas, antes de sentar, eu tinha a potência de permanecer de pé ou de sentar. Ao sentar, eu atualizei uma das duas potênci-

---

[4] Para evitar mal-entendido quanto ao uso de 'acarretar' aqui, que em nada compromete a concepção aristotélica de verdade: 'Xantipa enviuvou' acarreta 'O marido de Xantipa morreu', mas não é a viuvez de Xantipa que causa a morte de Sócrates.

as que antes possuía e, ao fazê-lo, excluí a *possibilidade* de realizar ao mesmo tempo a potência contrária. A atualização da potência de sentar tornou, portanto, impossível a realização do contrário. Segue-se, portanto, que a proposição 'Estou sentado agora', se é verdadeira, é também necessária, pois a sua negação é, no caso, impossível.

O que ocorre agora com enunciados sobre o futuro? Aristóteles reconhece dois tipos. Por um lado, há enunciados tais que a realização de seu conteúdo é determinada desde sempre por causas desde sempre dadas. É assim, por exemplo, o enunciado que diz que o sol levantar-se-á amanhã. Na cosmologia aristotélica, uma proposição como essa, se verdadeira, é necessariamente verdadeira. A necessidade de que se trata aqui é, obviamente, a necessidade natural ou física. Quando temos um enunciado desse tipo sobre o futuro, os valores de verdade se distribuem (ou se "dividem", como diziam os medievais) de modo determinado. Podemos exprimi-lo assim: 'é verdade que (ou p ou não-p)' é equivalente, em tais casos, a 'é verdade que p ou é verdade que não-p'.

Por outro lado, no entanto, há enunciados sobre o futuro que não se comportam logicamente do mesmo modo. São os enunciados singulares futuros em matéria contingente. Tomemos como exemplo a proposição 'Amanhã irei a São Paulo'. Que ela seja gramaticalmente no singular e no futuro é algo óbvio, mas o que significa dizer que ela é contingente Aristóteles assinala duas coisas. A primeira é que nada no real determina agora qual é o valor de verdade da proposição, isto é, nada do que é estabelece nem que ela é verdadeira nem tampouco que ela é falsa. A segunda observação é que a atualização do estado de coisas que determina o valor de verdade da proposição, isto é, que a torna verdadeira ou falsa, depende da potência dos contrários do agente. Isso quer dizer que depende apenas do agente ir amanhã a São Paulo ou não ir. Ora, se é assim, o enunciado 'Amanhã irei a São Paulo' não tem ainda um valor de verdade determinado, isto é, ainda não é verdadeiro de modo determinado nem tampouco falso de modo determinado.

Poder-se-ia daí inferir[5], mas seria apressado, que os enunciados desse tipo não satisfazem a condição definidora do que Aristóteles chama de enunciado veritativo. No capítulo 4 do *Da Interpretação*, ele declara que "só o *logos* no qual reside o verdadeiro ou falso é um *logos* veritativo". Aristóteles afirma, pois, que a bivalência é a *differentia* dos enunciados veritativos ou da *apóphasis*. Nessas condições, enunciados singulares futuros em matéria contingente não realizam, então, a natureza essencial do enunciado veritativo? Para melhor compreender que não se trata disso, convém recapitular alguns passos percorridos até aqui. (1) O primeiro exprime a natureza essencial do enunciado veritativo: um logos só é veritativo se ele é verdadeiro ou falso. (2) O segundo expressa a caracterização aristotélica da verdade: é impossível que uma proposição seja verdadeira e que não exista o estado de coisas que a torna verdadeira. O mesmo vale, *mutatis mutandis*, se a proposição é falsa. (3) Há um aspecto das proposições singulares futuras em matéria contingente que vale absolutamente *a priori*: aconteça o que acontecer (embora nada entrementes esteja determinado), o mundo amanhã será necessariamente tal que ou irei a São Paulo ou não irei a São Paulo. (4) Finalmente, deve-se observar que não foi dito que as proposições desse tipo não são verdadeiras nem falsas. Foi dito apenas que elas não são verdadeiras de modo determinado nem falsas de modo determinado.

---

[5] É o que faz Lukasiewicz. Cf. "On determinism" (1967), seção 11, p. 36 sqq. e Apêndice a "Philosophical remarks on many-valued systems of propositional logic" (1967), p. 63-65.

TEMPO, VERDADE E AÇÃO

Também foi dito que, para toda proposição que não singular e futura em matéria contingente, vale a seguinte lei de distribuição: se p é um enunciado veritativo, isto é, se p tem um valor de verdade, então ou p é V ou p é F. Ora, essa lei justamente não vale para os enunciados futuros em matéria contingente. Por um lado, são enunciados veritativos, o que quer dizer que eles têm valor de verdade. Mas a distribuição não vale para eles. Ter valor-de-verdade não é o mesmo que ter *um* valor-de-verdade.

(Convém aqui uma advertência[6]. Quando Boécio, ao comentar Aristóteles[7], diz que, para os enunciados singulares futuros em matéria contingente, um dos dois valores de verdade não é determinado, ele não tem em vista – e a linguagem da distribuição e da divisão torna isso claro – dois tipos ou dois modos de verdade, a saber, a verdade determinada e a verdade não determinada. Verdade determinada é simplesmente verdade distribuída e verdade não determinada é a divisão não determinada da verdade e da falsidade. Para repetir, verdade não determinada não é, em Aristóteles, uma espécie de verdade. O que é não determinado ou indefinido não é o ser verdadeiro, mas a distribuição dos valores de verdade[8].)

Consideremos agora dois tipos de proposição.

1) 'Se eu vou a São Paulo amanhã, necessariamente eu vou a São Paulo amanhã' e

---

[6] Cf. D. Frede (1985), p. 44-45.

[7] Boécio, *Commentarii in librum* Aristotelis Peri Hermeneias.

[8] Mas isso não quer dizer, ao contrário do que escreve M. Mignucci (1966), que "uma proposição futura concernente a um evento contingente tem um valor de verdade que poderia ser diferente e, por essa razão, é verdadeira ou falsa de um modo indefinido" (p. 286).

2) 'Se é verdade que eu vou a São Paulo amanhã, necessariamente eu vou a São Paulo amanhã'

Segundo Aristóteles, a primeira proposição é logicamente ilegítima, é um *non sequitur*. Da proposição 'Irei a São Paulo amanhã', tudo que podemos derivar é, tautologicamente, 'Irei a São Paulo amanhã'. A única forma válida da primeira proposição é, pois, a tautologia. No entanto, se aceitamos a concepção aristotélica da verdade, o mesmo não acontece com a segunda proposição. Com efeito, dizer que é *verdade* que irei a São Paulo amanhã é dizer que o real está absolutamente determinado em relação à proposição. Em outras palavras, seria contraditório dizer que é verdade que irei a São Paulo amanhã e, ao mesmo tempo, que eu não vá a São Paulo amanhã. Podemos exprimir essa diferença dizendo que, da proposição à necessidade da proposição, a consequência não é boa, ao passo que é boa a consequência da verdade da proposição à necessidade.

III

As observações acima permitem um esboço de comparação entre a concepção aristotélica de verdade e a de Tarski. A primeira coisa a destacar é que alguma cautela se impõe quando da representação formal da necessidade de que fala Aristóteles no início do capítulo 9 do *Da Interpretação*. Isto é, a que acima foi denominada de necessidade veritativa.

Em primeiro lugar, não podemos formalizar essa necessidade simplesmente como '$p \to \text{Nec } p$'[9]. Suponhamos que

---

[9] Embora D. Frede faça essa advertência (1972), sua solução não evita os problemas apontados a seguir.

essa fórmula expresse a inevitabilidade do passado e do presente. Ora, tal como está, ela admite como instância de substituição a fórmula 'Amanhã $p \to$ Nec amanhã p'. Essa, por sua vez, dá origem à sua contrapositiva: '¬Nec amanhã $p \to$ ¬amanhã p'. Essa última proposição diz que, se um acontecimento futuro não é agora inevitável, então ele não ocorrerá. Retomemos mais uma vez a fórmula inicial '$p \to$ Nec p'. Ela admite igualmente como instância de substituição a fórmula '¬amanhã $p \to$ Nec ¬amanhã p' e essa, supondo que '¬amanhã p' deva expressar somente contingência, diz que, se uma batalha naval é hoje evitável, sua não realização amanhã é inevitável. Ora, nos casos examinados, é preciso explicar a contingência da batalha naval amanhã a partir da sua evitabilidade hoje. Devemos, pois, restringir ou adaptar a fórmula da qual partimos: '$p \to$ Nec p'.

Não é, portanto, possível dizer que 'amanhã $p \to$ Nec amanhã p' é verdadeira em todos os casos. Essa última implicação não é boa, pois Aristóteles reconhece casos em que 'amanhã p' não tem um valor de verdade determinado e, nesses casos, 'Nec amanhã p' será falso. Assim, se Aristóteles aceita '$Vp \to$ Nec p', ele não pode aceitar '$p \to$ Nec p'.

A fórmula '$Vp \to$ Nec p' pode, então, exprimir a necessidade veritativa mencionada no início. Assim, a contingência do futuro é claramente incompatível com a verdade de um enunciado singular futuro em matéria contingente. Se, num caso particular, temos 'V amanhã p', Aristóteles pode aceitar a necessidade que daí decorre: 'V amanhã $p \to$ Nec amanhã p'. De outra parte, a contrapositiva desta implicação tampouco põe problema para Aristóteles, pois, segundo ele, não há equivalência geral entre '¬V amanhã p' e 'V ¬ amanhã p', já que a segunda acarreta a primeira mas não vice-versa. Aristóteles pode, então, expressar a contingência de um enunciado singular futuro em matéria contingente do seguinte modo: '¬V amanhã $p \wedge$ ¬V¬ amanhã p'.

60 BALTHAZAR BARBOSA FILHO

Quanto ao princípio do terceiro-excluído, Aristóteles preserva intacta sua validade incondicional: 'amanhã $p \lor$ não amanhã p'. E isso nos obriga a rejeitar a equivalência entre 'V (amanhã $p \lor \neg$ amanhã p)' e 'V amanhã $p \lor$ V$\neg$ amanhã p'. Isto é, o valor de verdade não se distribui de modo determinado nos enunciados singulares futuros em matéria contingente.

De maneira geral, portanto, Aristóteles recusa a equivalência entre 'V($p \lor \neg p$)' e 'V$p \lor$ V$\neg p$'. Em outros termos, ele aceita 'V(amanhã $p \lor \neg$ amanhã p)' e 'V($p \lor \neg p$)', mas rejeita 'V amanhã $p \lor$ V $\neg$ amanhã p', recusando também, de maneira geral, 'V$p \lor$ V$\neg p$'. Ora, a equivalência do par recusado (a saber, 'V($p \lor \neg p$)' e 'V$p \lor$ V$\neg p$') é, ela, equivalente à fórmula de Tarski: V(V$p \leftrightarrow p$). Essa tese, reduzida aos seus termos simples, deve ser rejeitada pela concepção aristotélica de verdade.

IV

Uma última observação. Não apenas 'V$p \to$ Nec p' acarreta a necessidade do presente (bem como a necessidade do passado e dos acontecimentos futuros que são determinados desde sempre), mas, ao que parece, a relação vale igualmente na direção inversa. O argumento, nesse caso, consiste em dizer que não há nenhuma razão em aceitar a inevitabilidade das coisas presentes e, ao mesmo tempo, recusá-la a toda verdade em geral, inclusive aquelas que concernem ao passado e ao futuro. Essa recusa, que encontramos em Duns Scotus[10] e Leibniz[11], equivaleria a recusar a inferência da verdade

---

[10] Duns Scotus, *Contingency and freedom: Lectura* I, d.39.

[11] Por exemplo, Leibniz, *Discours de métaphysique*, seção 13 e *Théodicée*, seções 36-37.

TEMPO, VERDADE E AÇÃO

à necessidade tomando como base que é sempre logicamente possível que um enunciado p verdadeiro de maneira contingente poderia ter sido falso. O problema é que esse raciocínio não elimina apenas a necessidade do futuro: ele elimina igualmente a necessidade do passado e do presente, pois, qualquer que seja o modo como são as coisas, é sempre logicamente possível que elas poderiam ter sido de outro modo. Ao contrário, se nos atemos à necessidade do presente, parece difícil fundamentá-la em outra coisa que não a verdade dos enunciados sobre o presente. E isto equivale a fazer repousar a necessidade do presente em '$Vp \to Nec\ p$".

V

Podemos agora arriscar uma hipótese provisória sobre a origem lógico-metafísica do desencontro entre Aristóteles e Tarski acerca do conceito de verdade.

A primeira observação que parece se impor se refere às bases respectivas sobre as quais Aristóteles e Tarski (na verdade, Frege) construíram seus conceitos. O ponto de partida de Aristóteles são os enunciados do discurso ordinário. Na sua forma mais elementar, esses enunciados são essencialmente temporais. Eles são, com efeito, compostos de nome e verbo e este, diz Aristóteles, cossignifica o tempo: "todo enunciado veritativo depende necessariamente de um verbo e da flexão de um verbo; com efeito, mesmo a definição de homem ainda não é um enunciado veritativo a menos que se acrescente 'é', 'será' ou 'foi' ou algo desse tipo"[12].

Parece ser o contrário na lógica contemporânea, cujo ponto de partida são os enunciados matemáticos. Frege o diz

---

[12] *Da interpretação*, 5, 17a10-12.

expressa e insistentemente: sua análise da proposição baseia-se na noção matemática de função. Ora, uma das características do enunciado matemático é sua indiferença ao tempo: uma proposição matemática, se é verdadeira, o é omnitemporalmente.

Além disso, a única necessidade legítima que a lógica matemática clássica reconhece é a necessidade lógica[13]. Convém aqui lembrar, mais uma vez, o estratagema de Duns Scotus e de Leibniz. Sua recusa da necessidade do presente (cujo fundamento, repita-se, parece ser a necessidade veritativa) baseia-se exclusivamente sobre a mera possibilidade lógica de que as coisas poderiam ter sido diferentes do que elas o são; isto é, não há nenhuma contradição em supor que elas sejam de outro modo. É evidente que esse mesmo argumento vale igualmente para o passado e para o futuro. Tal manobra, contudo, é de pouco consolo filosófico, pois o que Aristóteles quis para o presente e o passado não é de modo algum sua necessidade lógica, mas sua necessidade *real* (isto é, sua inevitabilidade para o agente). E o que ele quis evitar para o futuro não é sua necessidade lógica, mas sua necessi-

---

[13] No esforço de "arregimentar", como diz Quine, o maior número possível de expressões da linguagem natural, a lógica sempre se defrontou com setores rebeldes. Um deles é o das modalidades. Como é sabido, há inúmeros enunciados que expressam estados de coisas necessários (e.g., os que expressam as verdades matemáticas, 'vermelho é uma cor', e muitos outros) que não podem ser provados na lógica de primeira ordem. (Paulo Faria, a quem agradeço por preciosas sugestões, me adverte com razão que a lógica modal deu alguns passos importantes na direção do problema que esta nota explora. Ainda assim, não creio que tenha logrado uma solução satisfatória.)

TEMPO, VERDADE E AÇÃO

dade real[14]. Ora, as necessidades reais do presente e do passado parecem ter como único fundamento a relação da verdade à necessidade, isto é, a necessidade veritativa.

Referências bibliográficas

Boécio. *Boethi Comentarii in librum Aristotelis* Peri Hermeneias. Edição de K. Meiser. Leipzig, 1877-1880, 2 vols.

Dummett, M. "Could there be unicorns?". In: *The seas of language*. Oxford: Clarendon Press, 1993, p. 328-349.

Dummett, M. *Truth and other enigmas*. Londres: Duckworth, 1978.

Duns Scotus. *Contingency and freedom: Lectura I, d.39*. Edição e tradução de A. Vos Jaczn *et alii*. Dordrecht: Kluwer, The New Synthese Historical Library 42, 1994.

---

[14] "Em S4," – escreve M. Dummett – "o mundo atual é, nele mesmo, especial, e não apenas do nosso ponto de vista. Um mundo possível não é mais do que uma construção. É uma construção que fazemos ao considerar quais enunciados, modais e não modais, valeriam em tal mundo e, portanto, quais enunciados modais valerão de fato. Um mundo possível não é realmente "um modo como o mundo poderia ser", mas, antes, "um modo como o mundo poderia ser considerado ser se as coisas fossem diferentes sob certo aspecto"... O que é claro é que, se nosso espaço de mundos possíveis não tem *nenhuma* estrutura, como numa semântica para S5, então, do ponto de vista da semântica, todos os mundos possíveis estão no mesmo pé. Torna-se então difícil resistir à alegação de que todos são igualmente reais. Mas, quando se dá a esse espaço alguma estrutura, o mundo atual ocupa uma posição destacada. Nesse caso, o realismo modal que a maioria das pessoas acha intuitivamente absurdo torna-se insustentável" (M. Dummett, 1993, p. 348). Agradeço a Paulo Faria por me ter lembrado da pertinência desse artigo.

Frede, D. "The sea-battle reconsidered. A defence of the traditional interpretation". *Oxford studies in ancient philosophy* 3. Oxford: Clarendon Press, 1985, p. 31-87.

Frede, D. *"Omne quod est quando est necesse est esse"*. *Archiv für Geschichte der Philosophie* 54, 1972, p. 153-167.

Lukasiewicz , W. "Philosophical remarks on many-valued systems of propositional logic". In: S. Mccall (ed.). *Polish logic 1920-1939*. Oxford: Clarendon Press, 1967, p. 40-65. (original publicado na Polônia em 1930)

Lukasiewicz, W. "On determinism". In: S. Mccall (ed.). *Polish logic 1920-1939*. Oxford: Clarendon Press, 1967, p. 19-39 (original polonês publicado na Polônia em 1961).

Mignucci, M. "Ammonius on future contingent propositions". In: M. Frede e G. Striker (eds.). *Rationality in greek thought.* Oxford: Clarendon Press, 1996, p. 279-310.

Tarski, A. The concept of truth in formalized languages". In: *Logic, semantics, metamathematics: Papers from 1923 to 1938.* Tradução de J. H. Woodger. Oxford: Clarendon Press, 1956, p. 152-278.

Tarski, A. "The semantic conception of truth". In: H. Feigl e W. Sellars (eds). *Readings in philosophical analysis.* Nova York: Appleton-Century-Crofts, 1949, p. 52-84 (original publicado em 1944).

Nota sobre a contingência. Boécio, comentador de Aristóteles[*]

A juízo da maioria dos especialistas, os dois comentários de Boécio ao *Tratado da Interpretação* de Aristóteles, especialmente ao capítulo 9, tiveram influência decisiva sobre os pensadores medievais e, de maneira geral, sobre a análise filosófica do difícil problema do determinismo lógico. De resto, é também Boécio, no livro 5 do *Da Consolação da Filosofia*, que forneceu os termos nos quais os filósofos e teólogos da Idade Média tentaram compatibilizar a onisciência divina e a liberdade humana[1].

O capítulo 9 do *Da Interpretação* é um texto árduo que não pretendo discutir aqui. Resumo apenas o que nele parece concernir, ainda que indiretamente, ao modo como Boécio, nos comentários citados, trata da contingência *in propria voce*, sendo incapaz de avaliá-los como interpretação de Aristóteles.

---

[*] Este trabalho resultou de pesquisa apoiada pelo CNPq e pelo PRONEX *Lógica, Ontologia, Ética.*

[1] Cf. H. Chadwick (1981).

Os problemas relativos às proposições singulares futuras contingentes são múltiplos e alguns deles têm diretamente a ver com a noção de contingência. Se é hoje verdade que amanhã haverá uma batalha naval, não pode ser o caso que a batalha naval não ocorra amanhã. Caso contrário, não seria verdade hoje que amanhã haverá uma batalha naval. Que amanhã haverá uma batalha naval foi, pois, desde sempre, algo fixo e determinado. O futuro, portanto, parece ser inevitável e necessário. Pode-se, então, perguntar se é legítimo falar, acerca do que acontece no mundo, de contingência em algum sentido próprio.

É bem sabido que Aristóteles aceita a existência de eventos ontologicamente contingentes e, correspondentemente, de proposições verdadeiramente contingentes. Segundo alguns especialistas, a resposta aristotélica ao argumento determinista é que as proposições futuras contingentes não são nem verdadeiras nem falsas antes do momento da ocorrência dos estados de coisas que elas expressam. Assim, a célebre proposição 'Amanhã haverá uma batalha naval' não é propriamente nem verdadeira nem falsa antes de amanhã[2]. (Essa interpretação, atualmente dita tradicional, não é partilhada por muitos eruditos e talvez não o seja pelo próprio Aristóteles[3].)

---

[2] Cf. L. H. Lopes dos Santos (1998), p. 91-122.

[3] Sobre a interpretação denominada tradicional, ver, entre muitos outros, W. Lukasiewicz, "On determinism" (1967); R. Sorabji, (1980), p. 91ss; J.; Vuillemin (1984), ch. 6; Kneale & Kneale (1962), pp. 45-54, e A. N. Prior (1955), p. 240-250. O essencial dessa interpretação consiste em sustentar que o princípio da bivalência não se aplica a proposições singulares futuras contingentes. A qualificação de "tradicional", todavia, é imprópria, pois Amônio e Boécio certamente não a adotam. (Ver adiante nota 8.)

TEMPO, VERDADE E AÇÃO

Quais são, então, os fundamentos ontológicos da contingência? A teoria de Boécio se apresenta como alternativa ao determinismo, especialmente (mas não exclusivamente) ao determinismo *lógico,* isto é, à tese segundo a qual todo evento ou estado de coisas futuro é inevitável porque toda e qualquer proposição, inclusive as proposições sobre o futuro, é verdadeira ou é falsa.

> Se é assim com todas as afirmações e negações – isto é, que uma seja definidamente (*definite*) verdadeira e a outra definidamente (*definite*) falsa – então o que aquela que é verdadeira diz que vai acontecer é necessário que aconteça e o que aquela que é verdadeira diz que não vai acontecer é necessário que não aconteça[4].

O contexto deixa claro que o que Boécio tem em vista nessa citação é um par contraditório de proposições singulares futuras que são temporalmente definidas. Por exemplo, 'Em primeiro de agosto de 2002, haverá um eclipse lunar total' e 'Em primeiro de agosto de 2002, não haverá um eclipse lunar total'. Dizer que a primeira é *definite* verdadeira e a segunda *definite* falsa significa que existe um estado de coisas *atual* que, dada a vigência de certas leis da natureza, torna a realização do eclipse na data indicada, não algo contingente, mas naturalmente necessário e inevitável. Ora, se o mesmo vale para *toda e qualquer* proposição (inclusive proposições

---

[4] I 119. Os dois comentários de Boécio sobre o *Da interpretação* de Aristóteles serão citados na edição C. Meiser, de 1887-90, o primeiro precedido pelo numeral romano I, seguido da página, e o segundo pelo numeral romano II, seguido da página.

como 'Amanhã irei ao cinema' e 'Amanhã não irei ao cinema'), então o futuro é completamente determinado. E o é, à primeira vista, na base de algo que parece ser um traço elementar e inegável da proposição, a bivalência, a característica definidora do enunciado veritativo como aquele que é verdadeiro ou falso. Segundo Lukasiewicz[5], Aristóteles tem um dilema: no capítulo 4 do *Da Interpretação*, ele declara que a bivalência é a diferença específica dos enunciados veritativos. No capítulo 9 do mesmo tratado, entretanto, Aristóteles descobre que essa concepção da natureza essencial do *logos apophantikos* acarreta um determinismo sob o qual "tudo é e acontece por necessidade; não será, pois, preciso deliberar" (18b30-32). Eis, então, o dilema: ou Aristóteles aceita o determinismo com todas as suas implicações radicalmente contraintuitivas ou, então, nega o que lhe parece ser a natureza essencial do enunciado veritativo. Isto é, ou endossa o determinismo lógico ou restringe a aplicação do princípio da bivalência[6].

A recusa de Boécio (e de Amônio[7]) ao determinismo lógico tem por base a distinção entre as proposições futuras

---

[5] "Philosophical remaks on many-valued systems of proposicional logic" (1967).

[6] Cícero atribui o abandono da bivalência universal aos estoicos, os quais, escreve ele, "pensaram que Aristóteles diz que enunciados singulares contingentes sobre o futuro não são nem verdadeiros nem falsos", no que será seguido por Boécio. São esses mesmos estoicos que adotaram uma posição oposta à do filósofo, adotando, consequentemente, o determinismo. Mas Cícero lembra que "é o fundamento da lógica que tudo o que é enunciado é verdadeiro ou falso" (Cícero, *Academica,* II 95).

[7] Parece consenso entre os especialistas que os comentários de Boécio ao *Da Interpretação* foram redigidos sem conhecimento da obra de Amônio. Para um *status quaestionis* atual, ver J. Shiel (1990).

TEMPO, VERDADE E AÇÃO

indefinite verdadeiras e as que são *definite* verdadeiras. Uma proposição é *definite* verdadeira se sua verdade está inalteravelmente determinada por um estado de coisas *atual.* Desse modo, toda proposição sobre o passado e sobre o presente é *definite* verdadeira, bem como algumas proposições sobre o futuro, como aquelas acerca do eclipse. (Voltarei mais adiante acerca da natureza dessas últimas.) Por outro lado, entretanto, há proposições sobre o futuro cuja verdade ou falsidade não é determinada por nenhum estado de coisas atual, mas exclusivamente pelo estado de coisas futuro de que elas tratam. Sejam as proposições sobre minha ida ao cinema. É claro que uma delas será verdadeira e a outra falsa, mas nenhum estado de coisas *atual* determina o valor de verdade de nenhuma delas. Ora, segundo a concepção aristotélica de verdade, que Boécio adota sem restrições, o estatuto do valor de verdade de uma proposição depende do estatuto ontológico do estado de coisas por ela expresso. A realização do eclipse em agosto de 2002 é ontologicamente determinada e não contingente, ao passo que minha ida ao cinema amanhã não é ontologicamente determinada ou "definida", mas indeterminada ou contingente.

> As contingentes são aquelas igualmente dispostas a ser ou a não ser. E assim como o seu ser e não-ser é indefinido, assim também as afirmações e as negações que lhes concernem têm sua verdade ou falsidade também indefinidas; com efeito, uma é sempre verdadeira e a outra sempre falsa. Todavia, quando elas são contingentes, ainda não é conhecida a que é verdadeira nem a que é falsa. Pois, as que devem ser é determinado que sejam, e as que não podem ser é determinado que não sejam. Do mesmo modo, as que podem tanto ser quanto não ser, não está determinado nem que sejam nem que não sejam. Ora, a

verdade e a falsidade se adquirem segundo o ser do que diz a proposição e segundo seu não-ser. Com efeito, se o que é dito é, a proposição é verdadeira e se o que é dito não é, ela é falsa. Consequentemente, assim como o ser e o não-ser são variáveis nas coisas que são contingentes e futuras (embora seja necessário que elas sejam ou que elas não sejam), assim também a verdade ou a falsidade são incertas nas afirmações e negações que exprimem essas coisas contingentes. Ainda assim, é necessário que uma seja verdadeira e a outra falsa. (II, 200)

Para tornar mais clara a distinção entre verdade definida e não definida[8] é necessário considerar os estados de coisas

---

[8] Uma proposição *indefinite* verdadeira não pode ser dita supostamente verdadeira, ao contrário do que afirma, por exemplo, D. Frede, (1985, p. 43), segundo a qual falar de proposições indefinidamente verdadeiras ou falsas é apenas uma "maneira diplomática" de dizer que o princípio da bivalência admite exceções. Bem ao contrário, num texto categórico contra os estoicos, Boécio expressamente nega que as proposições futuras contingentes não são nem verdadeiras nem falsas: "Algumas pessoas, entre elas os estoicos, pensaram que Aristóteles diz que as futuras contingentes não são nem verdadeiras nem falsas. Pois eles interpretaram sua afirmação de que nada desse tipo está disposto mais a ser do que a não ser como significando que não faz nenhuma diferença se elas são consideradas falsas ou verdadeiras; com efeito, consideravam que elas [proposições futuras contingentes], na concepção de Aristóteles, não são nem verdadeiras nem falsas. Mas isso é falso, pois Aristóteles não diz que ambas não são nem verdadeiras nem falsas, mas, é claro, que cada uma delas é ou verdadeira ou falsa, não, porém, *definite*" (II, 208). Essa passagem (assim como o texto II, 200 citado acima) deixa bem claro que ser *indefinite* ou *definite* qualifica o modo como uma proposição é verdadeira. Qualificada como *indefinite* verdadeira ou falsa, uma proposição não é menos verdadeira ou falsa do que qualquer outra. Mas

TEMPO, VERDADE E AÇÃO

que são contingentes. Boécio, é bem verdade, começa por recusar o determinismo lógico. Mas seu alvo principal é o determinismo natural, isto é, a tese, que ele atribui aos estoicos, segundo a qual a verdade e a falsidade de todas as proposições sobre o futuro são determinadas por fatos atuais.

2. Para começar, é evidente que há proposições singulares sobre o futuro que são *definite* verdadeiras. Um exemplo óbvio é o de previsões sobre eventos futuros submetidos à necessidade natural.

> Se alguém fez uma previsão verdadeira sobre alguma coisa, é necessário que o que ele disse antes se realize, embora a necessidade das coisas não dependa da verdade da predição. Ao contrário, é a verdade da predição que depende da necessidade das coisas, pois o fato de alguma coisa verdadeira ter sido prevista não é a razão de sua necessidade. É antes o inverso: a coisa poderia ser prevista com verdade porque ela iria necessariamente acontecer. Ora, é necessário que sejam as coisas que serão porque elas têm uma necessidade na sua própria natureza [...], pois não é por causa do afirmar ou do negar que há necessidade nas coisas. Ao contrário, a verdade ou a falsidade está na previsão por causa da necessidade que pertence às coisas. (II, 228)

---

isso não quer dizer, ao contrário do que escreve M. Mignucci, (1996, p. 286), que "uma proposição futura concernente a um evento contingente tem um valor de verdade que poderia ser diferente e, por essa razão, é verdadeira ou falsa de um modo indefinido".

O determinismo natural exige que absolutamente todos os estados de coisas tenham uma certa necessidade *in natura propria*. A necessidade natural que está em jogo aqui é a necessidade causal de certos acontecimentos naturais. Boécio nos apresenta dois exemplos.

> Pode-se dizer que o Sol, que agora está em Sagitário, mover-se-á em alguns dias para Aquário. E isso é possível ao mesmo tempo que necessário. (11, 234)
> Por outro lado, se o médico observa um sintoma mortal no rosto do seu paciente de tal sorte que não é possível que ele não esteja morrendo, embora nós o ignoremos pela nossa falta de experiência em medicina – nem por isso deve-se julgar que o doente moribundo pode morrer de maneira contingente. (II, 193)

O que importa destacar é que a necessidade de que se trata aqui é totalmente independente de qualquer predição. Se há acontecimentos contingentes, eles devem sê-lo "em razão de sua própria natureza e não relativamente a nossa ignorância ou conhecimento" (II, 208). Para Boécio, é ilusório pensar que a contingência pode ser preservada na base do indeterminismo epistêmico. Bem ao contrário, algo é contingente, "não porque nós não conhecemos o futuro, mas porque o próprio estado de coisas tanto pode ser quanto não ser" (II, 245).

3. Se, pois, há proposições irredutivelmente contingentes, elas não são nem *definite* verdadeiras nem *definite* falsas, exigindo contingência real na sua interpretação. Tradicionalmente, distinguem-se três modos da contingência: o possível, o acaso e o que depende de nós.

TEMPO, VERDADE E AÇÃO

> Só são propriamente contingentes, todavia, as coisas que não são nem por natureza nem por necessidade, mas que são ou no acaso ou no livre-arbítrio ou na possibilidade da natureza. (II, 203)

Qual é a relação desses três modos com a contingência e quais relações possuem eles entre si? Seria um erro liminar pensar que esses modos pertencem ao mesmo nível, como se fossem tipos independentes e alternativos da realidade da contingência. Na concepção de Boécio, ao contrário, a contingência se explica justamente a partir da interdependência dos modos.

4. Dois dos modos assinalados, o livre-arbítrio e o acaso, pressupõem o que comumente se chama de "possibilidade natural aberta". Trata-se do tipo de possibilidade indicada por expressões como "é possível que seja e é possível que não seja".

> E essa possibilidade de acontecer ou de não acontecer, nós a chamamos "tanto-para-um-quanto-para-outro" (*ad utrumlibet*). [...] Esse tipo de possibilidade de acontecer ou de não acontecer é denominado *ad utrumlibet* porque essas coisas ocorrem de uma dentre duas maneiras, ou afirmações ou negações. (I, 106)

É essencial bem compreender o tipo de possibilidade que se encontra na base ontológica da contingência. É bem evidente, com efeito, que os eventos *naturalmente necessários* devem igualmente ser possíveis. O decisivo, contudo, é que a explicação de sua ocorrência não requer a possibilidade *ad utrumlibet* que é justamente exigida pelos efeitos propriamente contingentes.

Pois, em um sentido, diz-se que é possível, quando estou sentado, que eu caminhe; e, em um outro sentido, que o Sol, que agora se encontra em Sagitário, mova-se em alguns dias para Aquário. Esse último, com efeito, é possível de tal modo que é também necessário. (II, 234)

Embora o que é necessário seja possível, há uma outra natureza, extrínseca, da possibilidade, a qual está separada tanto do impossível quanto da necessidade (II, 236)[9].

Disso parece seguir-se que a necessidade natural pressupõe, além da mera possibilidade lógica, uma possibilidade real. É essa última que Aristóteles concebe, na maioria dos casos, em termos de potencialidade[10]. Todavia, nem todos os eventos necessários são por ele considerados como potencialidades atualizadas. Nos corpos celestes, por exemplos, não há, diz Aristóteles, nada em potência, tudo, ao contrário, é em ato. No que concerne ao Sol, por exemplo, a luz não está jamais em potência. Por conseguinte, a possibilidade que está pressuposta pela necessidade natural da realização do eclipse não é *stricto sensu* uma potência, mas, em termos mais exatos, uma possibilidade real *intrínseca*. Em nosso mundo sublunar, ao contrário, a realização de qualquer evento necessitado sempre é, segundo Aristóteles, a atualização de uma potência. Casos há, contudo, em que a potência atualizada existe mesmo na ausência de uma alternativa real. São esses

---

[9] Cf. a caracterização de Aristóteles em *Primeiros analíticos*, I, 13, 32a18-20: "Por 'ser possível' e 'o possível' entendo o que não é necessário, mas que, sendo suposto, não resulta em nada impossível".

[10] Cf. Aristóteles, *Metafísica*, Delta, 12.

TEMPO, VERDADE E AÇÃO

casos que apresentam uma possibilidade real intrínseca. Para expandir um exemplo do próprio Boécio[11], suponhamos, por exemplo, que João, aos 30 anos, tenha todos os seus cabelos, ao passo que Pedro, com a mesma idade, os tenha perdido. Nesse caso, Pedro tinha a potência de perder os cabelos aos 30 anos, mas não a de conservá-los. Em consequência, devemos dizer que os cabelos dos seres humanos têm possibilidades alternativas reais ou uma potência para o contrário apenas *em gênero*. Todavia, o que podemos dizer em gênero de homens com a idade de João e Pedro torna-se falso se o dissermos individualmente de um e de outro. A contingência aparente num caso desse tipo não passa de um simples fenômeno estatístico. Isso implica, pois, que a possibilidade *ad utrumlibet* requerida pela contingência seja uma potência para os contrários por parte dos estados de coisas individuais. Tal possibilidade *ad utrumlibet,* que se encontra na natureza da coisa, tem, diz Aristóteles, seu fundamento na matéria.

5. Por duas razões, no entanto, o tipo de contingência apresentado até aqui ainda não basta. Primeiro: a potencialidade real que provém da matéria não pode realizar nada no mundo, pois ela é essencialmente passiva. A atualização de uma potencialidade desse tipo exige um agir que jamais pode ele próprio ser atribuído à matéria mesma. Segundo: há atualizações de potencialidades que não são contingentes.

A própria natureza determinou como necessários certas coisas ou estados de coisas, de tal sorte que, enquanto a coisa existe, seu atributo permanece nela, como o calor no fogo; com efeito, enquanto há fogo, é necessário que o fogo seja quente. Em outras coi-

---

[11] II, 188 e I, 121.

sas, ao contrário, a natureza impôs qualidades tais que as coisas podem não possuí-las. (II, 239)

Disso se segue que, saber se o aquecimento de um pouco de água é um evento contingente, é algo que depende de saber que tipo de ação atualizou essa possibilidade. Ora, é uma condição necessária da contingência que a atualização da possibilidade individual implique um agir que não seja ele próprio necessitado. A contingência, segundo Boécio, requer uma causa incausada ou um primeiro começo.

Para melhor compreender a natureza desse tipo de agente atualizador, é necessário considerar os dois outros modos da contingência mencionados acima: o livre-arbítrio e o acaso. Até o momento, o que sabemos é que a possibilidade de que se tratou até agora é uma condição necessária de ambos.

> É sobre a base da possibilidade que o acaso às vezes nos surpreende na realidade. [...] Mesmo a essência do livre-arbítrio provém da mesma possibilidade. Com efeito, se não fosse possível que alguma coisa acontecesse, mas todas as coisas necessariamente sendo ou necessariamente não sendo, não haveria então livre-arbítrio. (II, 239)

Tomemos agora um exemplo de proposição contingente, 'Sócrates irá amanhã discutir na Ágora'. Ora, diz Boécio, ela é contingente justamente porque provém do livre-arbrítrio (Cf. II, 203). Ademais – e este é o ponto crucial – quanto à origem das nossas escolhas e decisões, as quais constituem a raiz desse tipo de contingência, ela só pode ser nós mesmos. Boécio o diz em duas passagens capitais.

> O que acontece como resultado de nós mesmos e de nosso juízo não tem sua origem em nada de externo. (II. 195)

TEMPO, VERDADE E AÇÃO

De certas ações, nós mesmos, e não as circunstâncias, somos a origem. (II. 196)

Destarte, o único agente atualizador pertinente neste contexto deve cumprir dois requisitos: não ser externo e ser independente das cadeias causais naturais.

6. Como foi dito, tudo o que acontece deve ser explicado, segundo Boécio, a partir de uma das três causas atualizadoras seguintes: a necessidade natural, o livre-arbítrio e o acaso ("*omnium rerum et casus et voluntas et necessitas dominatur*", II, 224). Importa assinalar desde o início que Boécio, ao contrário de Aristóteles[12], não acredita que o acaso seja uma fonte independente de um aleatório real na natureza. Segundo ele, não se trata, sem mais, de um terceiro agente independente ao lado da necessidade natural e do livre-arbítrio. Ao contrário, o acaso designa simplesmente um certo tipo de resultado do livre-arbítrio quando esse opera sobre uma potencialidade real. Eventos de acaso são, para ele, resultado não tencionado de ações provenientes de livre escolha. Boécio os trata nesse contexto (II, 194-195) em razão da tese estoica segundo a qual o único conceito legítimo de acaso é meramente epistêmico. Para Boécio, ao contrário, as coincidências ao acaso de séries causais não eram determinadas antes de decisões livres (II, 224). Desse modo, é para ele essencial a existência de novos começos no domínio das cadeias causais. Ainda que eventos ao acaso possam, num sentido, resultar de encontros aleatórios de séries causais independentes, Boécio insiste que pelo menos uma das séries deve conter um membro iniciador sem nenhum antecedente causal. E esse

---

[12] Sobre a concepção Aristotélica de acaso, ver, *Metafísica*, Epsilon, 3 e R. Sorabji (1980), p. 3-25 *et passim*.

é um ato não determinado da vontade. Assim, com respeito a todo e a qualquer evento de acaso, há um tempo no qual ele ainda não está potencialmente incluído na realidade por meio das suas causas[13]. Suponhamos, assim, que eu acenda um cigarro com a simples intenção de fumá-lo; podemos descrever corretamente o que se passa como um caso de livre-arbítrio. Ao contrário, se, por inadvertência, encosto a brasa no vestido de minha vizinha, o acontecimento descrito nesses termos não passa de um evento por acaso. De onde se segue, em consequência: (i) que o livre-arbítrio depende, para suas verdadeiras alternativas, da mera possibilidade; (ii) que a possibilidade, por sua vez, para ser atualizada, depende de uma causa, seja o livre-arbítrio ou a natureza, e (iii) que o acaso depende de certas combinações de livre-arbítrio e de natureza. Ora, isso nos impõe a conclusão mais importante, a saber, a única causa atualizadora que não é ela própria necessitada é o livre-arbítrio. Antes, porém, de analisar esse resultado, é necessário melhor compreender a natureza exata do acaso como modo da contingência, na medida mesma em que ele resulta da operação conjunta do livre-arbítrio e da necessidade natural[14].

7. Convém repeti-lo: nós e só nós somos a origem única de nossas decisões. É claro, contudo, que essa origem passa a fazer parte da natureza necessitada no instante mesmo em que nossas decisões se atualizam. O evento que é minha decisão de falar só tem a mim por única origem. Mas o even-

---

[13] Cf. Boécio, *In Ciceronis Topica* (1988), p.160-166.

[14] Terá Boécio modificado radicalmente sua concepção do acaso no *Da consolação da filosofia* (V, 1.15-30), reduzindo-o a um mero conceito epistêmico?

to seguinte que é minha atividade intencional de falar como consequência de minha decisão tem também a natureza como origem auxiliar. Eu jamais poderia atualizar minhas decisões se meu corpo, por exemplo, não continuasse a operar segundo as leis da natureza. (Escusado lembrar que se trata aqui de algo banal, isto é, de que não somos onipotentes) Assim, uma vez tornadas partes do conjunto dos eventos naturais e necessitados, nossas decisões adquirem características que, em certa medida, não estão mais em nosso controle.

> E o querer (*voluntas*) de nossas ações depende efetivamente de nós, pois nossa vontade é de uma certa maneira senhora de nossas ações e de todo o plano de vida. Sua realização, ao contrário, não está do mesmo modo no nosso poder. Com efeito, quando as pessoas fazem alguma coisa por livre-arbítrio, pode acontecer que o acaso proveniente das mesmas causas intervenha às vezes para um outro estado de coisas. Por exemplo, se alguém encontra um tesouro quando está plantando uma vinha, o próprio plantar é efetivamen-te proveniente do livre-arbítrio, ao passo que o só acaso contribuiu para a descoberta do tesouro. É um acaso, no entanto, que tem como causa o próprio livre-arbítrio. Com efeito, se ele não tivesse plantado, o tesouro não teria sido encontrado. (II, 223)

A expressão 'acaso', assim, parece uma espécie de designação genérica para todos os casos em que uma ação tem um resultado diferente daquele que o agente visava de modo consciente e racional.

8. Podemos então resumir até aqui dizendo que um evento ou estado de coisas é necessitado somente se, antes de

sua realização, ele já está presente nas suas causas. Ele é, pois, inevitável (ou – mas dá no mesmo – teoricamente previsível) antes da sua realização. Um evento necessitado que é teoricamente previsível durante todo o tempo antes da sua realização, Boécio o diz necessitado *simpliciter*. Fica claro, portanto, que um evento só é necessitado *simpliciter* se ele é produzido unicamente por uma causa ou um conjunto de causas que são elas próprias necessitadas. Por outro lado, um evento necessitado que só é teoricamente previsível antes da sua realização durante um tempo determinado é dito necessitado *ut nunc*.

Estamos agora de posse dos elementos conceituais que nos permitem caracterizar mais adequadamente a concepção de contingência que encontramos em Boécio. Assim, um evento é contingente somente se ele é produzido, não por sua natureza própria, mas, ou, pelo livre-arbítrio ou então pelo livre-arbítrio em concurso com a natureza, de tal sorte que o resultado é ou não é aquele que é intencionalmente visado pelo agente cujo livre-arbítrio é uma das causas do evento em questão. Ora, é evidente, em primeiro lugar, que não há evento que satisfaça a primeira condição (isto é, produzido exclusivamente pelo livre-arbítrio) e que seja, ao mesmo tempo, inevitável em todo e qualquer momento antes da sua realização. E mais, é igualmente evidente que os únicos eventos que cumprem plenamente tal requisito são as *decisões* dos agentes livres. Quanto ao mais, os casos que têm origem no livre-arbítrio em concurso com a natureza cujo resultado é consciente e racionalmente tencionado pelo agente são casos de ação livre, ao passo que aqueles cujo resultado não é intencionalmente visado pelo agente são instâncias do acaso.

Também é evidente, do que precede, que não pode haver evento contingente que seja, ao mesmo tempo, necessitado *simpliciter*. No entanto, dado que os resultados no mundo, visados ou não intencionalmente pelo agente, envolvem tanto a natureza quanto o agir livre, é razoável supor que *todo* evento contingente que não a decisão implica, em maior ou menor medida, uma necessitação *ut nunc*. Desse modo, os eventos que são necessitados *simpliciter* são inevitáveis em todos os momentos do tempo. Do ponto de vista epistemológico, isso significa que eles poderiam, em princípio, ser previstos infalivelmente por quem conhecesse tudo acerca das potencialidades da matéria e das leis da natureza. O eclipse de que se tratou acima parece um bom exemplo de um acontecimento que é necessitado *simpliciter*. Por outro lado, caçar um animal parece um exemplo claro de decisão livre. Até o momento em que o caçador passa à execução das suas decisões livres, a realização da caça não era necessária. Nesse exemplo de livre escolha, a necessitação *ut nunc* é aquela que ocorre no instante em que o gatilho é puxado e no qual passam a vigorar as leis da natureza. Não está demais repetir que, em todos os casos de livre escolha que passam à ação, as leis pertinentes da natureza mais cedo ou mais tarde passam a vigorar. Isso, todavia, em nada compromete o estatuto do evento enquanto instância de livre escolha. A morte do animal caçado estava de fato presente nas suas causas, sendo, pois, inevitável. Mas *não* antes do instante em que o caçador tomou sua decisão, e essa sempre pode ser evitada e é não-necessitada. Parece assim claro que, na concepção de Boécio, a contingência não vincula o acaso ao aleatório na natureza, mas, antes, ao livre-arbítrio. Segundo essa doutrina, só nós mesmos somos, pois, causa incausada, a origem de toda contingência real. Tal parece ser a concepção radical de contingência (e, por extensão, de livre-arbítrio) que encontramos em Boécio.

Se essa reconstrução da teoria boeciana acerca da contingência é correta, cabe ainda perguntar se é filosoficamente satisfatória. Em especial, é de se perguntar se é a única compatível com a recusa de todo e qualquer determinismo ou com o indeterminismo radical que parece implicado no capítulo 9 do *Da Interpretação* de Aristóteles. Mas essas são questões escarpadas que, magistral como soe ser, poderá responder o Professor Porchat.

Referências Bibliográficas

Boécio. *Boethius' in Ciceronis Topica*. Tradução de E. Stump. Ithaca: Cornel University Press, 1988.

Boécio. *Boethi comentarii in librum Aristotelis* Peri Hermeneias. Edição de K. Meiser. Leipzig, 1877-1880, 2 vols.

Chadwick, H. *Boethius: The consolations of music, logic, theology and philosophy*. Oxford: Clarendon Press, 1981.

Cícero. *Academica*. Londres: Loeb, 1972.

Kneale, W. e Kneale, M. *The developmente of logic*. Oxford: Clarendon Press, 1962.

Lopes dos Santos, L. H. "Leibniz e a questão dos futuros contingentes". *Analytica* 3 (1) 1998, p. 91-122.

Lukasiewicz , W. "Philosophical remarks on many-valued systems of propositional logic". In: S. Mccall (ed.). *Polish logic 1920-1939*. Oxford: Clarendon Press, 1967, p. 40-65. (original publicado na Polônia em 1930)

Lukasiewicz, W. "On Determinism". In: S. Mccall (ed.). *Polish logic 1920-1939*. Oxford: Clarendon Press, 1967, p. 19-39 (original polonês publicado na Polônia em 1961).

Mignucci, M. "Ammonius on future contingent propositions". In: M. Frede e G. Striker (eds.). *Rationality in greek thought*. Oxford: Clarendon Press, 1996, p. 279-310.

Prior, A. N. *Formal logic*. Oxford: Clarendon Press, 1955.

Shiel, J. "Boethius' commentaries on Aristotle". In: R. Sorabji (ed.). *Aristotle transformed.* Londres: Duckworth, 1990, p. 349-372.

Sorabji, R. *Necessity, cause and blame.* Londres: Duckworth, 1980.

Vuillemin, J. *Necessité ou contingence.* Paris: Les Éditions de Minuit, 1984.

SABER, FAZER E TEMPO: UMA NOTA SOBRE ARISTÓTELES[*]

"O legado da Grécia à Filosofia Ocidental é a Filosofia Ocidental"[1]. Fazem parte dessa herança dois conceitos que definem parcialmente a noção mesma de racionalidade e cuja compatibilidade permanece problemática. Trata-se dos conceitos de ciência e de ação, de saber e de fazer. A caracterização do primeiro, com a qual nos defrontamos ainda hoje, encontrou sua formulação canônica no *Teeteto* de Platão e a do segundo, na *Ética a Nicômaco* de Aristóteles. As linhas que seguem pretendem, em primeiro lugar, relembrar e localizar com precisão a natureza da tensão que acompanha essas duas noções. Em segundo lugar, visam a sugerir que o conceito de tempo ocupa uma posição estratégica na compreensão dessa tensão.

---

[*] Este trabalho contou com o apoio de uma bolsa de pesquisador do CNPq e do PRONEX *Lógica, Ontologia, Ética.*

[1] B. Williams (1984), p. 202.

1. Todos sabemos como Platão caracterizou a ciência (*episteme*) por oposição à opinião (*doxa*). Aristóteles aprofunda e justifica, nos *Segundos Analíticos*, as análises do *Teeteto* para nos dizer, em substância, que o saber é uma opinião verdadeira bem fundada. Em outros termos, não podemos afirmar que S sabe que p (onde p é uma proposição qualquer) a menos que sejam satisfeitas as seguintes condições:

1ª) S acredita que p;
2ª) p é verdadeira e
3ª) S tem boas razões para acreditar que p.

Esses três requisitos exprimem condições de verdade da proposição 'S sabe que p' e, por conseguinte, o sentido da expressão conceitual 'saber' ou, mais exatamente, o aspecto semântico da noção que pretendo pôr em relevo. Cada uma delas, por outro lado, deu origem a uma literatura imensa e controversa. Limitar-me-ei por ora a comentar brevemente a terceira condição.

O que significa, com efeito, 'ser uma boa razão' nesse caso? O candidato mais célebre – e o mais domesticado – a parafrasear essa expressão é 'implica logicamente'. E, de fato, penso que ninguém poria em dúvida que alguém sabe que p quando ele acredita que p; p é verdadeira; ele sabe que r; r implica logicamente p (ou, inversamente, p é dedutível de r) e, por último, ele sabe que r implica logicamente p.

Eis aí, todos reconheceram, um resumo grosseiro de parte da concepção aristotélica de *episteme* e de explicação que encontramos nos *Segundos Analíticos*.

Passemos agora ao conceito de fazer. Pode-se começar uma análise pelo menos parcial dessa noção perguntando pelas condições de verdade (ou por algumas delas) de uma proposição como 'S faz A' (onde S é um agente qualquer e A expressa um estado de coisas ou evento que identificamos como resultado de uma ação). Ora, uma frase como essa não parece à primeira vista poder ser verdadeira a menos que sejam cumpridos no mínimo os seguintes requisitos:

1º) S tem a intenção de (ou deseja) que A seja o caso ou ocorra;

2º) A é o caso ou ocorre e

3º) S produz algo (B, por exemplo) que é adequado para a ocorrência de A.[2]

Temos assim um esquema aproximado e muito estilizado da concepção aristotélica de ação que se encontra, por exemplo, na *Ética a Nicômaco*, notadamente no Livro III, onde o filósofo procede ao exame da deliberação.

Embora parcos e ralamente expostos, os elementos apresentados até aqui bastam para propor o meu primeiro problema. Ele pode ser formulado assim: a aplicação conjunta e simultânea desses dois conceitos é *a priori* possível? Ou, na pitoresca terminologia leibniziana: há um mundo possível em que as duas noções se aplicam ao mesmo tempo às mesmas coisas?

Antes de prosseguir, convém acentuar que a questão é puramente modal, relativa à mera possibilidade de instanciação simultânea e conjunta de dois conceitos. Permanece em

---

[2] Cada uma dessas condições merece investigação cuidadosa. Limito-me a observar aqui que a primeira destina-se somente a restringir as atribuições de ação a alguma coisa que está no poder do agente fazer e/ou não fazer e também a sublinhar o componente intencional do conceito de ação. Para dizê-lo com Aristóteles e Kant, fazer é causar por representação. Note-se ainda que é igualmente necessário que o agente saiba que a realização de B é adequada para a ocorrência de A.

aberto a pergunta se eles não são vazios. Mesmo se somos céticos (sustentando que o conceito de saber, do qual foram lembrados alguns traços, não se aplica a nada na nossa experiência) ou deterministas (estando convencidos de que o conceito de ação esboçado não passa de uma quimera) – mesmo assim, sempre podemos fazer a pergunta enunciada. Isso supõe, é verdade, que os conceitos são, cada um deles, formalmente aceitáveis no sentido mínimo de que nenhum dos dois é contraditório em si mesmo. Ora, dado que essa condição franciscana está realizada, o problema é legítimo. Trata-se, como diz Leibniz, de um problema de compossibilidade, o qual precede as questões de existência.

Para melhor compreender a pergunta, é necessário voltar à segunda condição conceitual presente nos dois esquemas. Com efeito, o que é dizer que uma proposição é verdadeira? Como Pilatos, talvez a resposta deva ser: não sei. Mesmo assim, creio que todos estarão de acordo que é preciso admitir um critério de adequação que qualquer concepção ou teoria sobre a verdade deve necessariamente satisfazer para que possa ser considerada como *prima facie* plausível. Esse critério – aristotélico – é o seguinte: dizer que uma proposição é verdadeira é dizer que as coisas de que ela fala *são* exatamente tais como a proposição em questão *diz* que elas são. Quando pensamos, julgamos ou dizemos que as coisas são de um certo jeito *e* as coisas são assim, então o que pensamos é verdadeiro. Como diz Aristóteles, "os enunciados são verdadeiros em conformidade a como as coisas existentes são"[3] [NE].

---

[3] *De interpretatione*, 9, 19a33.

[NE] *As traduções aqui presentes dos trechos das obras de Aristóteles são todas de responsabilidade do autor.*

TEMPO, VERDADE E AÇÃO

Parece, assim, que dizer que uma proposição é verdadeira equivale a dizer que o estado de coisas correspondente é, existe ou ocorre, isto é, a segunda condição do esquema de análise do conceito de saber parece equivalente à segunda condição do conceito de fazer. Formalmente, é claro, assim é. Todavia, se nos ativermos a esse nível, corremos o risco de perder de vista um elemento essencial da noção clássica de verdade. É que, como lembra ainda Aristóteles, entre a verdade de uma proposição e o que a torna verdadeira (o estado de coisas correspondente) subsiste uma assimetria decisiva que a pura equivalência formal deixa escapar: "A proposição verdadeira não é de modo algum a causa da existência da coisa; ao contrário, é a coisa que parece ser, de algum modo, a causa de a proposição ser verdadeira: é porque a coisa é ou não é que a proposição é dita verdadeira ou falsa"[4]. E também: "Não é porque pensamos com verdade que tu és branco que tu és branco, mas é porque tu és branco que, ao dizer que o és, dizemos a verdade"[5]. A lição aristotélica é tão simples quanto essencial: é o ser que confere verdade ou falsidade aos nossos pensamentos e proposições. Em termos escolásticos, a convertibilidade do ser e do verdadeiro não exclui a prioridade do primeiro sobre o segundo.

Retomemos então, assim advertidos, os nossos dois esquemas. Vimos que dizer que alguém sabe que p é dizer, entre outras coisas, que p é verdadeira. Segue-se que o ser é tal qual a proposição afirma que ele é. Vale dizer, o real está absolutamente determinado com respeito a uma proposição verdadeira qualquer. Por conseguinte, supor verdadeira uma proposição é necessariamente supor que o ser está completamente

---

[4] *Categorias*, 13, 14b-16-23.
[5] *Metafísica* Theta 10, 1051b6-9.

determinado em relação a ela. Ora, dado que saber alguma coisa implica saber que uma proposição é verdadeira, basta supor que sabemos algo para estarmos necessariamente obrigados a supor que o real está determinado relativamente ao nosso conhecimento.

Mas, se é assim, segue-se por pura lógica que aquilo que no mundo torna uma proposição verdadeira não pode ser objeto de ação. Com efeito, fazer alguma coisa é, como foi visto, tornar verdadeira uma proposição, a saber, aquela, justamente, que descreve o resultado de nossa ação no mundo. Aristóteles, é bem verdade, nos autoriza a dizer que a segunda condição da ação ('*A* é o caso ou ocorre') não diz mais do que: é verdadeira a proposição que afirma que *A* é o caso. Ora, é absurdo *tornar* verdadeiro o que *é* verdadeiro. Se, pois, alguma coisa na ordem do ser torna efetivo nosso conhecimento, isto é, torna verdadeira a proposição que o exprime, é impossível que essa mesma coisa seja objeto de ação. O que temos aqui é (se se quiser) a tautologia banal que diz que não se pode fazer o que já está feito. O saber, portanto, exclui o fazer. O que sabemos não podemos fazer. O espaço lógico do conhecimento exclui necessariamente o espaço lógico da ação.

A inversa, claro, é igualmente verdadeira. Quer dizer, se podemos fazer alguma coisa, a proposição que descreve o resultado de nossa ação não pode ser verdadeira independentemente dela. Talvez se alcance aqui o elemento mais central, e aquele cuja análise é mais difícil, do conceito de ação. É que toda afirmação de um fazer, toda imputação de ação, pressupõe necessariamente a verdade de uma proposição contrafactual como a seguinte: o estado de coisas de que se supõe o agente ser o autor não teria ocorrido se ele não o tivesse *como agente* feito ocorrer. Kant acrescentará: se o agente não o tivesse espontaneamente, como começo absoluto, feito acontecer. Desse modo, o espaço lógico da ação exclui o da ciência.

TEMPO, VERDADE E AÇÃO

Temos, por conseguinte, uma resposta à pergunta leibniziana sobre a compossibilidade: a aplicação conjunta e simultânea dos dois conceitos é *a priori* impossível.

É óbvio que esse resultado deve ser imediatamente qualificado. É bem evidente que, uma vez realizada, a ação é um estado de coisas no mundo. É o que diz, aliás, a segunda cláusula da análise. Como qualquer estado de coisas, ela pode em princípio ser objeto de saber. Ao contrário do que parece, porém, isso em nada afeta a conclusão alcançada. Para que nos convençamos disso, basta retomar a concepção de *episteme* esboçada acima.

Seguindo os passos de Aristóteles, a noção de justificação ou de boas razões foi parafraseada por meio da de dedutibilidade. Diremos, assim, que alguém sabe alguma coisa no sentido estipulado se dispõe de uma ou mais proposições (que ele sabe independentemente serem verdadeiras) das quais pode deduzir a proposição que descreve o estado de coisas que constitui o objeto do seu saber. Ora, aqui se revela o essencial: tal sujeito de conhecimento pode, sobre uma *mesma* base, conhecer indiferentemente em relação ao tempo, isto é, quer o estado de coisas conhecido seja passado, presente ou futuro. Mas, para que ele seja capaz de conhecê-lo *agora* na sua ocorrência *futura*, é necessário supor que o real está *determinado desde agora* no que concerne à tal ocorrência futura. Isso significa, por conseguinte, que o estado de coisas só é passado, presente ou futuro em relação ao momento em que o conhecedor dele se ocupa. Quanto às coisas mesmas (se me permitem a expressão), elas estão atemporalmente ou omnitemporalmente determinadas com respeito à ocorrência ou não do estado de coisas[6].

---

[6] Em Aristóteles, a reversibilidade da previsão e da retrodição depende também de sua tese segundo a qual só há ciência do necessário e do universal, a qual não será tratada aqui.

92 BALTHAZAR BARBOSA FILHO

Bem ao contrário, o conceito de fazer, esse, justamente, exclui essa condição de determinação omnitemporal do ser. Agir, como foi visto, consiste em tornar determinado o que não é. Do ponto de vista epistemológico, a contrapartida disso é a assimetria irredutível da retrodição e da previsão no domínio da ação. Do ponto de vista semântico, o contraste é, como será indicado a seguir, entre a omnitemporalidade ou a atemporalidade intrínseca dos enunciados de ciência[7] e a temporalidade ineliminável dos enunciados de ação.

2. Talvez seja essa uma das razões (e central) que levaram Aristóteles a caracterizar o tempo de duas maneiras distintas. No Livro IV da *Física*, ele termina, no capítulo 11, por definir o tempo como a medida do movimento segundo o antes e o depois[8]. Isso significa, em primeiro lugar, que não há tempo sem movimento ou mudança. Em segundo lugar, significa caracterizá-lo, em parte, como uma relação de ordem entre estados de coisas ou eventos. Para resumir, pode-se dizer que dois ou mais estados de coisas são temporais ou estão no tempo se um é anterior ao outro. (Nessa base, é trivial definir a anterioridade e a posterioridade.)

Essa definição, contudo, deixa de lado alguns traços fundamentais do conceito de tempo que nos interessam de perto. Aristóteles deles vai ocupar-se, embora apenas obliquamente[9], no capítulo 9 do *De interpretatione* e, de maneira ge-

---

[7] Sobre a 'eternidade' e a 'imutabilidade' da ciência e do intelecto em Aristóteles, ver o estudo magistral de M. Zingano (1998).

[8] Cf. 219b1.

[9] Há indícios na própria *Física* de que Aristóteles antevê as dificuldades que a primeira definição do tempo impõe à sua filosofia da ação. No capítulo 14 do Livro IV, com efeito, o filósofo pergunta se pode haver tempo sem a consciência (Cf. 223a21-28).

TEMPO, VERDADE E AÇÃO

ral, na sua obra prática. Também sumariamente, diremos agora que dois ou mais estados de coisas são temporais se um é passado em relação ao outro. A partir daí, é igualmente simples definir o futuro e o simultâneo[10].

Se comparadas as duas definições, algumas diferenças são especialmente marcantes. Em primeiro lugar, a primeira não parece preservar uma intuição profundamente enraizada que temos acerca do tempo, que se expressa, por exemplo, na assimetria entre passado e futuro. Essa assimetria apresenta aspectos ontológicos e modais. O passado, com efeito, parece algo real, ao contrário do futuro; o passado, por exemplo, deixa vestígios e marcas, mas não o futuro; dizemos ainda que o presente é em parte constituído pelo passado, mas não pelo futuro. Além disso, parece concebível que o mundo deixe de existir, mas não parece pensável que ele não tenha existido. Por outro lado, o passado parece dotado de uma necessidade ou irrevogabilidade que está ausente do futuro. Há um único passado, mas muitos futuros possíveis, cada um dos quais pode ser *o* futuro, embora não mais do que um venha a sê-lo. Dito de outra maneira, não há estados de coisas que hoje são tais que eles podem ter existido ou não no passado. Ao contrário, há estados de coisas que hoje são tais que eles podem vir a realizar-se ou não no futuro. Agora não é mais possível, por exemplo, que eu não tenha escrito essas linhas, embora

---

[10] Por razões de abreviação, adotarei a seguinte convenção terminológica introduzida por McTaggart (1908 e 1927, vol. 2, cap. 33), amplamente adotada na literatura. A série de eventos gerada pela relação introduzida pela segunda definição [baseada nos conceitos de passado, presente e futuro] será chamada série-A e aquela gerada pela relação especificada pela primeira definição [anterior/posterior] será chamada série-B.

seja possível que eu venha a parar ou não de escrevê-las, pois vir a parar ou não de escrever é algo contingente e futuro.

Por razões muito diferentes, Kenny[11] e Prior[12] negam a assimetria temporal, argumentando que ela se baseia numa confusão acerca dos conceitos de passado e de futuro. É comum falar do passado como o que aconteceu e do futuro como o que poderia acontecer, o que nos leva a pensar que há um só passado, ao passo que há vários futuros alternativos. Esse, dizem os autores, é o equívoco. O passado é simplesmente o que aconteceu – dadas as causas que o produziram. Do mesmo modo, o futuro é simplesmente o que *irá* acontecer – dadas as causas que o afetaram. Vale dizer, o futuro, exatamente como o passado, é o resultado das causas que produzem eventos e estado de coisas. Desse modo, há um só futuro, exatamente como só há um passado. Portanto, nesse sentido de 'passado' e 'futuro', assim como não podemos alterar o passado, tampouco podemos alterar o futuro.

Isso em nada atinge, porém, a necessidade do passado. Ainda que se conceda que os termos 'o passado' e 'o futuro' impliquem que só há um de cada, a assimetria temporal sublinha, justamente, que há várias sequências alternativas de eventos, cada uma das quais tendo hoje a possibilidade de vir a ser *o* futuro. Ao contrário, há uma única sequência de eventos que tem hoje a possibilidade de ter sido e ser o passado.

Aristóteles interpreta essa assimetria temporal mediante a distinção entre ato e potência, a qual lhe permite esclarecer o tipo de necessidade peculiar que afeta o passado. Consideremos, por exemplo, uma proposição verdadeira p sobre um evento que ocorre contingentemente em t. Dizer que o

---

[11] A. J. P. Kenny (1974), p. 411.

[12] A. N. Prior (1976).

TEMPO, VERDADE E AÇÃO

evento é contingente é dizer que, até o momento *t*, há uma potência nas coisas tanto para *p* quanto para *não-p*. A atualização da potência para *p*, no entanto, exclui definitivamente a potência para não-*p*. Depois do instante *t*, a proposição *p* é, nesse sentido, necessária. E é necessária precisamente porque não há mais qualquer potência nas coisas para a sua negação. Isto é, o passado foi atualizado, mas o futuro contingente, ao contrário do passado contingente, só existe em potência. Se um estado de coisas *A* é causal e logicamente contingente, então há um tempo *t* no qual há nas coisas a potência tanto para *A* quanto para não-*A*. A atualização de uma delas elimina *ipso facto* a potência para a outra. Nesses termos, a necessidade do passado que é relevante aqui se distingue da necessidade causal e da necessidade lógica. É esse tipo de necessidade que está ausente do futuro. Ela é um fator em virtude do qual somos incapazes de fazer qualquer coisa acerca do que já passou. Assim como somos incapazes de fazer qualquer coisa acerca do estado de coisas logicamente necessário de ser o caso que 5+7=12 e igualmente incapazes de fazer qualquer coisa acerca do estado de coisas causalmente necessário de amanhã o sol nascer – assim também somos incapazes de fazer qualquer coisa acerca de eventos que, ainda que causal e logicamente contingentes, são agora passados[13].

Outra diferença pertinente entre as duas caracterizações do tempo está na estabilidade e imutabilidade da série-B de eventos, vinculados pela relação *antes de*. Se um evento x é anterior a *y* e *y* é anterior a *z*, essas relações entre os três jamais podem mudar. Segue-se, por consequência, que a série-B é inalterável. Ao contrário, os predicados temporais provenientes da segunda definição ('é futuro', 'é presente', 'é

---

[13] Cf. M. Dummett (1978).

passado') constituem uma série-A de eventos que muda continuamente, pois cada evento da série altera sua posição na mesma.

É uma controvérsia viva na literatura saber se as duas definições são equivalentes, se ambas são indispensáveis ou se uma delas é redutível à outra. Alguns autores, como Prior[14], Kenny[15] e Sorabji[16], sustentam a irredutibilidade da segunda definição baseando-se em relações intencionais – como alívio, arrependimento, esperança e antecipação – entre o sujeito que conhece e o estado de coisas conhecido. Assim, saber que a Guerra do Kosovo termina [no tempo presente usado atemporalmente] em 1999 é diferente de saber que ela já terminou. Aquilo que sabemos quando sabemos que a Guerra do Kosovo terminou não pode ser simplesmente uma relação entre datas, pois isso não é o tipo de coisa que nos alivia quando ficamos aliviados com o fim da guerra. Argumentos desse tipo, contudo, parecem depender da tese dúbia segundo a qual o modo de conhecer de um ser faz parte do objeto de conhecimento[17]. Talvez um kantiano possa e deva defender tal posição, mas com certeza ela não é aristotélica.

Há, entretanto, um argumento mais convincente para mostrar que elas não são nem podem ser equivalentes. Com efeito, é evidente que duas proposições com implicações lógicas distintas não podem ter o mesmo sentido. Ora, as pro-

---

[14] A. N. Prior (1968).

[15] A. J. P. Kenny (1979).

[16] R. Sorabji (1980).

[17] Para a distinção entre modo de conhecer e objeto do conhecimento, ver Tomás de Aquino, *Summa theologiae*, I^a, Q. 13, a. 12, ad 1um, Q. 14, a.6, ad 1um e especialmente, Q. 14, aa. 7 e 14. Ver ainda *id. ibid.*, I^a, Q. 85, a. 1, ad 1um e *Contra gentiles*, I, c.s 51-53.

TEMPO, VERDADE E AÇÃO

posições 'A Guerra do Peloponeso [já] terminou' e 'A Guerra do Peloponeso termina [no tempo presente usado atemporalmente] em 404 a.c.' não têm as mesmas implicações lógicas. Da primeira, segue-se que a Guerra do Peloponeso não existe mais, mas isso não se segue simplesmente da segunda. Em outras palavras, se a primeira proposição é verdadeira, ela é necessariamente verdadeira (no sentido específico antes apontado e no qual, como diz Aristóteles[18], toda proposição sobre o passado é necessária), o que obviamente não é o caso da segunda.

Se é assim, algumas consequências merecem destaque. Antes de mais nada, a primeira definição do tempo não permite nenhuma distinção quanto ao estatuto ontológico e modal do passado, do presente e do futuro. (Convém observar de passagem que a disputa acerca do caráter fundamental de uma das duas definições incide essencialmente sobre o estatuto ontológico relativo dos eventos *em momentos do tempo*. O devir temporal pode ou não ser um traço objetivamente fundamental do tempo. Dizer, porém, que uma das séries é mais básica do que a outra é afirmar algo sobre o modo temporal de existir. Se a segunda definição e a série-A que ela engendra são corretas, é hoje um fato irredutível que a Guerra do Peloponeso terminou. Esse fato não pode ser reduzido a nenhum fato coberto apenas pela primeira definição ou pela série-B que ela gera.) A assimetria temporal e, com ela, a necessidade do passado, só encontram fundamento na segunda definição. Além disso, como mostra McTaggart[19], a série-A determinada pelos predicados 'é passado', 'é presente' e 'é futuro' é, no que concerne ao nosso conceito de tempo, mais

---

[18] *De interpretatione*, cap. 9, 18a28-29.

[19] *The nature of existence*, pp. 13 e 271.

fundamental do que a série-B construída pelas relações *antes de* e *depois de*. A razão é que a série-A é primitiva, não podendo ser derivada de nenhuma outra, ao passo que a série-B pode ser construída de uma junção da primeira com uma outra série não-temporal, isto é, uma série cuja relação geradora é não-temporal como, por exemplo, a série dos números inteiros ou uma série espacial. Para tanto, basta, primeiramente, correlacionar o ou os eventos que são presentes na série constituída pela segunda definição (a série-A) com um dos inteiros, por exemplo *0*. Os eventos passados e futuros são, a seguir, correlacionados, respectivamente, com os inteiros negativos e positivos. Dessa maneira, cada evento na série-A que não o evento presente estará correlacionado com um número inteiro negativo ou positivo específico. Diremos então que um evento x é anterior a um evento y se o inteiro com o qual o x está relacionado é menor do que aquela com o qual y está relacionado. Fica assim formada a série-B. (Observe-se que ela só é propriamente uma série temporal porque seus membros formam uma série-A.) Por último, como ressaltam igualmente Aristóteles e McTaggart, não há tempo sem movimento ou mudança. Ora, como foi visto, a mudança só pode ser encontrada na série-A e somente nela. "A série-B, portanto, não é, por si mesma, suficiente para constituir o tempo, *já* que o tempo envolve a mudança"[20].

Se corretas as notas acima, uma conclusão parece se impor. Se a noção clássica de saber, nos termos estritos já especificados, se acomoda à definição física do tempo como medida do movimento segundo o antes e o depois, o mesmo

---

[20] *Id.*, *ibid.*, p. 13. Ao contrário do que parece pensar McTaggart, isso não acarreta uma concepção subjetivista do tempo e, muito menos, da mudança.

TEMPO, VERDADE E AÇÃO

não acontece com o conceito de ação. Esse requer a assimetria ontológica do passado e do futuro, isto é, a peculiar forma de necessidade que afeta o primeiro mas não o segundo.

Como já foi indicado, há indícios de que Aristóteles se tenha apercebido disso quando, no já mencionado capítulo 14 do Livro IV da *Física*, pergunta se o tempo pode ou não existir sem a alma. Sua resposta, nitidamente aporética, não se refere à relação anterior/posterior mas à *medida* (ou, "número") do movimento.

> Mas, se nada pode por natureza contar senão a alma e da alma o intelecto, então não pode haver tempo sem a alma, exceto no que concerne ao substrato do tempo; se, por exemplo, fosse possível haver movimento sem alma. O antes e o depois estão no movimento e o tempo é esses enquanto enumeráveis. (*Física*, IV, 14, 223a25-28)

Em suma, a temporalidade própria da ação exige necessariamente os conceitos de passado, presente e futuro. Ao contrário, a temporalidade (se é que ainda cabe aqui falar de tempo no mesmo sentido) que é requerida pela noção de ciência pode ser caracterizada adequadamente pela primeira definição. O tempo da ação requer, pois, a assimetria ontológica e modal do passado e do futuro e, ademais, o concurso da consciência e do sujeito, isto é, a irredutibilidade da série-A.

Referências bibliográficas

Dummett, M. "Bringing about the past". In: *Truth and other enigmas*. Londres: Duckworth, 1978, p. 333-350 (original publicado em 1964).

Kenny, A. J. P. "Divine knowledge and human freedom". In: B. A. Brody (ed.). *Readings in the philosophy of religion: An analytic approach.* Englewood Cliffs, N. J.: Prentice-Hall, 1974.

Kenny, A. J. P. *The god of the philosophers.* Oxford University Press, 1979.

Mctaggart, J. M. E. "The unreality of time". *Mind* 17 (68), 1908, p. 45-74.

Mctaggart, J. M. E. *The nature of existence .* Cambridge University Press, 1927.

Prior, A. N. "It was to be". In: *Papers in logic and ethics.* Amherst: University of Massachusetts Press, 1976, p. 97-108

Prior, A. N. "Thank goodness that's over". In: *Papers on time and tense.* Oxford: Clarendon Press, 1968 (original publicado em 1959).

Prior, A. N. "The formalities of omniscience". In: *Papers on Time and Tense.* Oxford: Clarendon Press, 1968 (original publicado em 1962).

Sorabji, R. *Necessity, cause and blame.* Londres: Duckworth, 1980.

Williams, B. "Philosophy". In: M. I. Finley (ed.). *The legacy of Greece.* Oxford University Press, 1984, p. 202-255.

Zingano, M. *Razão e sensação em Aristóteles.* Porto Alegre: L&PM Editores, Col. *Philosophia,* 1998.

Kant e Aristóteles: Razão Prática e Escolha Deliberada

Segundo Kant, o conceito de máxima repousa sobre o de *interesse* (*KpV*, 79). Como as máximas, os interesses são produtos da razão prática. Temos um interesse (por oposição a uma simples inclinação) em alguma coisa somente na medida em que assumimos espontaneamente uma inclinação, e isso implica necessariamente a projeção de um fim qualquer como desejável em algum sentido.

Interesse e máximas constituem os dois polos subjetivos da razão prática. Um agente racional (em sentido mínimo) é aquele que forma (toma) interesses na base de uma avaliação reflexiva das inclinações e que adota estratégias (regras de ação) na base desses interesses. Como diz Kant: um interesse é aquilo pelo qual a razão se torna prática, i.e., torna-se uma causa determinante da vontade (*GMS*, 460n). Isso posto, os seguintes pontos se tornam claros.

(i) Dado que as máximas são autoimpostas, não podemos fazer de algo nossa própria máxima sem sermos conscientes dela como tal ou, pelo menos, sem poder ser conscientes. Uma máxima da qual eu jamais posso tornar-me consciente como minha – exatamente como uma representação à qual não poderia ligar o *Eu penso* – não seria nada para mim como agente racional.

(ii) As máximas são regras que prescrevem tipos de ação e não ações particulares. Como os conceitos, elas são gerais em relação aos casos possíveis (as ações) que caem sob elas.

(iii) Toda máxima reflete um interesse subjacente do agente, o qual dá a razão para adotar a máxima.

(iv) Em toda máxima, há a suposição implícita que o tipo de ação selecionada é, nas circunstâncias, julgado o melhor meio disponível para atingir o fim escolhido. Isso é uma consequência da suposição segundo a qual as máximas são produtos da razão prática e, como tais, submetidas a uma condição de racionalidade. Se o agente não acredita que o fim ou o interesse vale a pena ser buscado nem, ao mesmo tempo, que a ação proposta é, *ceteris paribus*, a melhor para atingir o fim desejado, então ele não tem nenhuma *razão* para adotar a máxima.

Claro, um agente racional pode adotar máximas insensatas ou imorais, mas não pode aceitar máximas sem tomá-las como justificadas em algum sentido.

A inclinação não pode determinar *diretamente* a vontade. Ela só pode fazê-lo ao ser incorporada a uma máxima, i.e., ao ser tomada pelo agente como uma razão suficiente de ação. Assim, a espontaneidade e a racionalidade do agente estão implicadas mesmo na ação heterônima ou baseada sobre a inclinação. Não se trata aqui de um conflito entre forças psíquicas, mas entre *princípios*, i.e., padrões de justificação.

TEMPO, VERDADE E AÇÃO

Consequentemente, se respeitar a lei é simplesmente considerá-la como a norma última governando nossa escolha das máximas, então é claro que respeitá-la é ter uma razão suficiente (mas não um desejo) para obedecê-la. É por isso que o respeito é um incentivo à moralidade.

O juízo é a atividade de tomar-como ou, mais exatamente, de tomar alguma coisa como um tal-e-tal. Daí se seguem os seguintes pontos.

(i) Embora sejamos capazes de perceber (de ter a intuição de) Xs que são Fs (tal capacidade pertence à sensibilidade e pode ser atribuída aos animais), não podemos conceber ou representar para nós mesmos um X-como-(enquanto)-F sem fazê-lo, i.e., sem conscientemente tomá-lo enquanto tal, *mas também* sem, ao mesmo tempo e em algum sentido, saber o que estamos fazendo. Kant chama de apercepção esse modo particular de autoconsciência (cognitiva). Como tal, não se trata de uma outra coisa que fazemos quando julgamos (uma espécie de saber de segunda ordem que sabemos). Ao contrário, trata-se de um componente da própria atividade de primeira ordem.

(ii) Assim também, quanto às atividades da razão, toda inferência envolve a derivação de conclusões a partir de premissas de tal modo que as premissas sejam *tomadas* como justificando a conclusão. As premissas não devem ser apenas razões boas e suficientes para afirmar a conclusão: elas devem também ser consideradas como tais. Esse tomar-como é uma atividade espontânea do sujeito, a qual é intrinsecamente consciente-de-si.

Como foi visto, enquanto produtos da razão prática, as máximas de um agente estão submetidas a critérios de racionalidade. O agente considera que suas máximas exprimem uma estratégia de ação que ele considera razoável, i.e., ele deve tomar suas máximas como racionalmente justificáveis num sentido qualquer ou considerar que suas razões de agir são boas razões.

(iii) Se a razão R justifica que eu faça A nas circunstâncias C, então ela deve também justificar que todo agente racional faça A em circunstâncias análogas. Uma razão num caso é uma razão em todos os casos – ou então não é razão nenhuma (M. Singer). Assim, a universalizabilidade da intenção, regra ou plano de ação de um agente é pressuposta como condição de possibilidade de justificar a ação do agente (mesmo se a justificação não é explicitamente moral).

Ademais, agentes razoáveis não podem recusar-se a jogar o jogo da justificação. Com efeito, um agente para o qual a questão da justificação é completamente irrelevante, que não avalia as razões de suas ações e que age sem, pelo menos, acreditar que suas razões são boas razões – tal agente não pode ser tomado como razoável. Portanto, um agente racional não pode recusar o teste da universalizabilidade sem, ao mesmo tempo, negar sua própria racionalidade.

Não se pode, contudo, passar da tese (A) segundo a qual todo agente racional deve considerar seus princípios de ação como universalizáveis, no sentido de que ele reconhece que seria razoável, para todo e qualquer outro agente, adotar os mesmo princípios em circunstâncias similares ou até mesmo que ele deve (o deve da racionalidade) adotá-los à conclusão (B), segundo a qual o agente deve ser capaz de querer (como lei universal) que todo e qualquer agente racional aja na base do princípio em questão.

Um egoísta racional, por exemplo, pode perfeitamente admitir que as máximas segundo as quais ele age quando per-

TEMPO, VERDADE E AÇÃO

segue seus próprios interesses são também máximas segundo as quais qualquer outro agente racional deve agir. Mas daí não se segue que o egoísta racional seja obrigado (sob pena de autocontradição) a *querer* que todos os outros agentes racionais ajam da mesma maneira.

Mas, se supomos que somos livres no sentido transcendental (e não meramente prático), então – se a autopreservação, meu interesse próprio ou felicidade é o princípio de meu comportamento, se ele comanda minhas máximas – sou *eu* e não a natureza em mim que lhe confere essa autoridade.

A suposição da liberdade transcendental não apenas afasta certos tipos de justificação: ela amplia ao mesmo tempo a exigência de justificação até aos primeiros princípios ou máximas fundamentais. Dado que, *ex hypothesi*, elas foram adotadas livremente, deve ser possível dar razão de sua adoção. (Claro, elas não podem ser deduzidas de princípios ou máximas de ordem superior).

Como tal justificação é possível? A resposta de Kant é: só a conformidade a uma lei prática incondicionada poderá fornecer a justificação requerida.

A) É evidente, de um lado, que essa conformidade é suficiente para justificação das máximas. Se uma regra de ação é correta ou boa para *todo* agente racional, quaisquer que sejam seus interesses ou desejos, ela é necessariamente correta ou boa para *mim*.

B) Por outro lado, nenhuma máxima pode ser considerada como justificada se não for pelo menos permissível. O que deve ser determinado é a regra ou o conjunto de regras que governam a busca de um fim *qualquer*, inclusive os fins baseados nos desejos. Essa regra é transcendental, pois funciona com respeito ao estabelecimento dos fins ou à seleção das máximas. Enquanto transcendental, ela deve ser universal e formal. Portanto, deve aplicar-se não somente a todo agente racional transcendentalmente livre: deve também aplicar-se a eles independentemente de seus desejos ou interesses. Ora, tal regra é simplesmente uma lei prática incondicionada. Portanto: *ou* se nega que as máximas dos agentes transcendentalmente livres possam ser justificadas (negando, pois, sua racionalidade) *ou* deve-se reconhecer que a conformidade à lei prática é o critério que governa a seleção das máximas e dos fins dos agentes transcendentalmente livres.

Que a razão seja prática significa que ela pode determinar por si mesma a vontade, independentemente de qualquer elemento empírico (*KpV*, 42). Isso requer duas coisas ao mesmo tempo: (1) que a razão pura forneça uma regra ou princípio de ação e (2) que ela forneça um motivo para agir (ou não agir) da maneira especificada pelo princípio.

A consciência que atribuímos a toda razão humana natural é a consciência das imposições morais particulares tais como surgem no processo de *deliberação prática* – a lei servindo como regra orientadora (o procedimento de decisão) que governa efetivamente a deliberação. Essa regra é a lei na sua *forma tipificada*, i.e., a regra do *juízo*.

Para justificar o estatuto desse fato, Kant deve mostrar (1) que essa lei, enquanto regra operativa de juízo, é um produto da razão pura prática (empiricamente incondicionada) e (2) que a consciência dos seus mandamentos é, por si mesma, suficiente para *motivar* ou para criar um *interesse*.

1) O resultado mais importante da análise kantiana da moralidade é que as exigências morais são de natureza categórica e, em consequência, que o princípio que opera na deliberação moral deve ser um imperativo ca-

TEMPO, VERDADE E AÇÃO 107

tegórico. Esse imperativo se endereça a nós enquanto agentes racionais, com uma pretensão à universalidade e à necessidade que não faz nenhuma referência a condições empíricas. Essa lei, portanto, não pode ser considerada como produto de uma razão prática empiricamente condicionada.

2) Toda teoria heterônoma deve negar que a lei seja puramente racional, pois tal teoria pressupõe que um interesse qualquer ou que uma razão extrínseca seja moral. Ao contrário, se a lei de que somos conscientes é efetivamente uma lei que a vontade legisla por si mesma, independentemente de todo interesse empírico – então essa lei deve ser um produto da razão pura.

3) A análise da moralidade enquanto fundada na autonomia basta para resolver a questão motivacional, a do *principium executionis*. Se a Lei Moral é autolegislada, então todos aqueles que são conscientes de estarem submetidos a ela terão ao mesmo tempo uma razão ou incentivo (*Triebfeder*) de obedecê-la e, portanto, terão um interesse nela. Com efeito, ao reconhecer sua validade, tomamo-la como o princípio que governa a nossa vontade (razão prática): como tal, temos necessariamente um interesse nela, imediato e puro, pois esse interesse não depende de nenhum interesse proveniente de nossas necessidades enquanto seres sensíveis.

A moralidade não vale para nós *porque ela apresenta um interesse* (...); mas a moralidade apresenta um interesse porque tem valor para nós enquanto homens, porque deriva de nossa vontade enquanto seres inteligentes e, portanto, de nosso verdadeiro eu (*GMS*, 460-1).

Wirklichkeit, em Kant, exige sempre um *ser dado* (em um sentido qualquer) por oposição à mera conceptibilidade. É evidente que a liberdade não é efetiva em sentido teórico (= em ligação com a percepção), pois ela não é um elemento de experiência possível. Para Kant, a liberdade é efetiva, ou melhor, efetivada no interesse que tomamos na Lei Moral. Kant, portanto, não diz apenas que a liberdade deve ser suposta como condição da conceptibilidade desse interesse e da possibilidade de obedecer às ordens da lei. Ele diz mais: que nossa liberdade (no sentido da autonomia) é exibida na nossa atividade de *assumir* esse interesse.

Tomar interesse na moralidade não é simplesmente considerá-la interessante, atraente ou útil – como se nós assim fôssemos feitos. É tomar ou reconhecer a Lei Moral como fornecendo razões ou restrições de ação. E mais: visto que essas razões não refletem nossas necessidades enquanto seres sensíveis, isso nos mostra nossa capacidade de sermos motivados independentemente dessas necessidades. E isso, por sua vez, mostra nossa independência do mecanismo da natureza.

Em suma: enquanto revelada ou manifestada em um interesse, a liberdade (bem como a Lei Moral) só é efetiva de um ponto de vista prático. Com efeito, é só de um ponto de vista prático que temos interesses (*KpV*, 121).

Mas isso basta para propósitos práticos, i.e., para tudo o que nos concerne enquanto agentes racionais. E basta também para a demonstração das imposições morais. Com efeito, mostrar que nossa liberdade transcendental é efetiva é mostrar também o estatuto da Lei Moral como a norma racional última que governa nossa conduta.

O estudo da noção de escolha deliberada (*prohairesis*) em Aristóteles poderá servir para montar uma linha de defesa aristotélica de Kant. A deliberação é, afinal, o procedimento da razão prática aristotélica.

TEMPO, VERDADE E AÇÃO

Ora, as afirmações de Aristóteles sobre a ação e a escolha deliberada não parecem, à primeira vista, consistentes.

1) Segundo ele, quando escolhemos fazer algo, sempre decidimos com vista a algum fim, em razão de alguma coisa. Mas ele diz também que um homem que realiza um ato virtuoso não o realiza virtuosamente – não manifesta virtude – a menos que o tenha escolhido por ele mesmo.

2) As ações são executadas em razão de outras coisas e as coisas que podemos fazer não são elas próprias os fins em vista dos quais nós as fazemos. Ora, a ação (*praxis*) difere da *poiesis* (produção) precisamente porque ela é o seu próprio fim.

3) Ao recomendar (no livro X) a vida teórica ou contemplativa, Aristóteles diz que, ao passo que a contemplação não visa nenhum fim além de si mesma, as ações belas e nobres visam algum fim e não são desejáveis por si mesmas. Por outro lado, ao recomendar a vida ativa, afirma que executar feitos nobres e bons é algo desejável por si mesmo e que são desejáveis por si mesmas aquelas atividades em que não se busca nada além da própria atividade.

Temos, é claro, pelo menos dois problemas aqui. 1º) Como pode ser a ação boa em si mesma se é valorizada como meio para a eudaimonia? 2º) Como pode uma ação ser algo feito para produzir um resultado e, ao mesmo tempo, distinguir-se da produção porque a ação é feita por ela mesma?

Na literatura encontramos, basicamente, duas teses sobre o conceito de deliberação de Aristóteles, destinadas, em parte, a solucionar os problemas apontados.

1ª) No Livro III da *Ética a Nicômaco*, Aristóteles examina uma noção técnica e restrita de deliberação, que torna desnecessário investigar outra coisa além de usos instrumentais da razão prática. No livro III, com efeito, a deliberação jamais é dos fins, mas apenas dos meios.
2ª) Já nos livros VI e VII da *EN* (e no *DA*, III, 7), Aristóteles analisa uma noção mais ampla de deliberação e escolha. Isso o leva a abandonar a afirmação de que a escolha deliberadora é necessariamente referente apenas aos *ta pros to telos* (*ea quae sunt ad finem*).

Assim, Aristóteles reconheceria dois modos irredutivelmente distintos de raciocínio prático: a deliberação meios-fim e as deliberações regra-caso, correspondendo à distinção entre produção e prática.

Para Aristóteles, a deliberação sobre possibilidades práticas (O que eu devo fazer? Qual é a coisa certa a fazer nestas circunstâncias?) é a forma primária do pensamento moral a partir da qual surge a forma primária do juízo moral, a saber: o juízo segundo o qual, dentre todas as possibilidades que estão abertas, a melhor ação a realizar, tudo bem considerado, é tal e tal. Um erro frequente na filosofia moral é concentrar a atenção nos juízos que fazemos como crítica ao comportamento dos outros ou nos comentários retrospectivos sobre nossas próprias condutas. Esse deslocamento do prático para o teórico explica-se em parte pela adoção da teoria científica como paradigma da racionalidade. Aristóteles, ao contrário, preservou um equilíbrio cuidadoso ao descrever o uso das palavras no raciocínio teórico (voltado para uma descrição verdadeira do mundo) em confronto com o raciocínio prático, dirigido a escolhas e decisões corretas na conduta. São dois tipos diferentes de correção, cada um deles exposto ao argumento, mas nenhum deles subordinado ao outro. Platão, ao contrário, concebia a bondade como uma propriedade comum presente na estrutura da realidade, suscetível ao exame, à teoria e à contemplação. Aos olhos de Aristóteles, essa doutrina erra por não deixar lugar suficiente para a distinção entre razão teórica e razão prática, entre pensar sobre atualidades (o que é o caso) e pensar sobre possibilidades (o que pode/ deve ser o caso). Como opera, segundo Aristóteles, a razão prática? Parece simples supor que possamos empregar nossa capacidade de razão a serviço da satisfação dos nossos desejos. Mas não é, ao contrário, evidente à primeira vista supor que a razão mesma seja um componente da parte desejante da alma, i.e., que a razão mesma nos motive a agir. Para compreender como a razão pode motivar, é necessário considerar a teoria aristotélica da escolha deliberada (*prohairesis*). ("*Prohairesis*" é muitas vezes traduzido por "escolha" e "decisão", reservando-se "*bouleusis*" para "deliberação". Essa versão, porém, deixa de lado o caso paradigmático em que fazemos uma *prohairesisdepois* do processo de deliberação.)

Sob um aspecto que nos interessa de perto, a teoria aristotélica da deliberação (*bouleusis*) é uma teoria da transmissão do desejo. O agente começa com um desejo por ou vontade (*bouleusis*) de um objeto. O objeto da vontade aparece como um bem para o agente. A aparência, contudo, constitui em parte o próprio querer. Assim, em Aristóteles, um querer é algo que ao mesmo tempo tem força motivadora – o agente é motivado a obter um objeto do querer – e é uma parte da consciência. Isto é, a consciência que um agente tem daquilo que quer para um certo fim é ela própria uma manifestação desse querer. Um objeto de desejo é, portanto, necessariamente intencional para um agente, por isso mesmo obscuro. "!*Nihil appetitur nisi sub ratione boni!*", como comenta São Tomás. Para Aristóteles, portanto, o querer do agente envolve uma estrutura proposicional e, portanto, consciência.

112 BALTHAZAR BARBOSA FILHO

O querer, então, motiva o agente a realizar um processo de deliberação pelo qual ele considera como obter o alvo desejado. Aristóteles apresenta a deliberação como um processo de raciocínio retroativo a partir do fim desejado, passando pelas etapas que melhor poderiam conduzir a ele, até que o agente atinja uma ação que pode ou poderá executar. Um exemplo desse processo é o raciocínio que um médico efetua ao considerar como curar seu paciente:

> A saúde é o *logos* e o conhecimento na alma. O homem saudável é produzido, então, como resultado do seguinte encadeamento de pensamentos: dado que isto é saúde, se o paciente deve ser saudável, isto deve estar presente, por exemplo, um estado de equilíbrio do corpo, e, para que isto esteja presente, é preciso calor. E o médico remonta assim progressivamente pelo pensamento até uma etapa final que está em seu poder produzir. A partir desse ponto em diante, então, o processo, isto é, o processo em direção à saúde, é chamado um fazer (*M*, 1032b5-10).

Aristóteles compara esse processo de raciocínio com o método de análise da geometria grega. Na síntese, uma figura geométrica complexa é construída a partir de elementos simples mediante a reiteração de construções elementares de base. Por exemplo, desenhar uma linha entre dois pontos ou construir um círculo de um certo raio a partir de um centro fixo. A análise, ao contrário, destina-se a pôr alguém em condições de começar a síntese[1]. Ela começa com o resultado aca-

---

[1] Há aqui uma importante analogia com o ponto de vista teórico e o prático sobre a ação. Embora complementares, análise e síntese são logicamente irredutíveis. Em particular, no domínio prático como tal, a análise é condição de possibilidade da síntese.

TEMPO, VERDADE E AÇÃO

bado: uma figura geométrica complexa é dada que gostaríamos de poder construir passo a passo e rigorosamente. A figura é, então, dividida numa séria de etapas ordenadas. A cada estágio, a figura é resolvida ou analisada nas figuras imediatamente mais simples que a constituem. Essa análise passo a passo prossegue até atingir as construções elementares que geômetra pode realizar. Ela é, assim, uma desconstrução e, uma vez completada, pode-se simplesmente inverter a ordem a fim de executar a síntese.

A deliberação começa com o fim desejado e o analisa numa série de etapas que conduzem ao fim para o agente deliberante, para o que está em seu poder. Uma vez completada a deliberação, o agente pode iniciar a síntese: pode começar a agir de modo a atingir o fim desejado.

Com frequência, a deliberação culmina numa decisão de agir de determinada maneira. O médico, por exemplo, pode decidir esquentar o paciente enrolando-o em cobertores. Essa decisão deliberada é uma *prohairesis*. Suponhamos, além disso, que o médico saiba também que tem cobertores ao seu alcance. Nesse caso, diz Aristóteles, ele toma diretamente os cobertores. Assim, uma ação é apresentada como a conclusão de uma inferência prática. A ideia aqui é simples: uma vez que decidimos agir de determinado modo e que acreditamos que as circunstâncias permitem agir desse modo, nada mais é necessário para explicar a ocorrência da ação. A decisão deliberada é, pois, o último passo que o agente toma antes de passar ao ato:

> O objeto da deliberação e o objeto da escolha/decisão são o mesmo, exceto que o objeto da escolha deliberada já é determinado, pois é aquilo que foi decidido com resultado da deliberação que é o objeto da escolha deliberada. Com efeito, cada um deixa de investigar como agir quando referiu o princípio

motor do ato a si mesmo e à parte diretora de si mesmo; pois é essa parte que escolhe. (*EN*, 1113a2-7)

A deliberação, por conseguinte, não é simplesmente um processo intelectual pelo qual um agente toma consciência de como deve agir: ela também é um transmissor do desejo e do querer. O médico começa com o conhecimento da medicina e o desejo de curar o paciente. O desejo de restabelecer a saúde motiva a deliberação do médico e essa propaga o desejo para cada um dos estágios da deliberação. O médico, por exemplo, não tem nenhum desejo independente de aquecer o corpo do paciente. Mas ele forma esse desejo ao dar-se conta de que, para restabelecer a saúde do paciente (que ele quer), deve produzir um estado de equilíbrio no corpo, algo que ele pode fazer aquecendo o paciente. Tendo se dado conta disso, o médico deseja agora aquecer o corpo do paciente. A deliberação é, assim, o modo como a consciência transmite o desejo do fim desejado para uma ação que o agente pode executar.

O ponto importante aqui é que: se a deliberação é um transmissor de desejo e se a escolha deliberada é último passo da deliberação, isso sugere que a escolha deliberada é ela própria um desejo. Diz Aristóteles:

> Sendo o objeto da escolha uma das coisas em nosso poder que é desejada por causa da deliberação – a escolha deliberada será o desejo deliberado de coisas que estão em nosso poder; pois, uma vez que decidimos como resultado de deliberação, desejamos de acordo com nossa deliberação. (*EN*, 1113a9-12)

Aristóteles diz ainda que a escolha deliberada é um desejo pensado ou refletido, um desejo pensante ou um intelecto desejante (*EN*, 1139b4-5: *electio est intellectus appetitivus vel est appetitus intellectivus*) , e que ele partilha da razão e do desejo (*MA*, 700b23). Não se trata apenas, portanto, de que a deliberação transmite o desejo que o agente tem do fim para a sua decisão deliberada: a própria escolha deliberada é um desejo. Mas é um desejo peculiar.

Primeiro, é um desejo sobre o qual podemos ter certeza absoluta. Ao contrário de outros desejos, não podemos ter uma escolha deliberada a menos que tenhamos consciência de que a temos: trata-se de um desejo que *fazemos*. Segundo, a consciência desse desejo é parte do próprio desejo. Parte da filosofia contemporânea afirma que, se temos um desejo, a consciência de que o temos é distinta do desejo mesmo. Ao contrário, na escolha deliberada aristotélica, a consciência do desejo de agir é parte constitutiva do desejo mesmo. E é precisamente por isso que se trata aqui de uma motivação de *ação* e não simplesmente de uma causa natural. Terceiro: uma escolha deliberada é um desejo essencialmente reflexivo ou refletido: é da essência da escolha deliberada que tenhamos consciência dela. A reflexão é parte intrínseca do desejo. O juízo consciente – Devo cobri-lo com um cobertor – é ao mesmo tempo uma manifestação de consciência e *é* a decisão deliberada. Segundo Aristóteles, portanto, a deliberação não é superveniente aos desejos e motivos dado, como se ocorresse numa parte diferente da alma. A deliberação é, ela própria, uma expressão de desejo: é motivada por um querer, é um transmissor de desejo e sua conclusão é, ou um desejo – isto é, uma escolha deliberada – ou uma ação motivada imediatamente pela deliberação. Além disso, repita-se, a deliberação não é somente expressão do desejo: ela o constitui em parte. O desejo do médico de curar este homem é, mediante a deliberação, transformado no desejo de curar este homem envolvendo-o em cobertor.

Desse modo, a deliberação torna nossos desejos concretos: ela os faz suficientemente particulares para que possamos agir a partir deles. Assim, a deliberação remete a nós mesmos nossos desejos abstratamente dados: ela apresenta nossos desejos a nós sob uma forma na qual podemos satisfazê-los.

O significativo aqui é que a escolha deliberada é, ao mesmo tempo, um desejo e um raciocínio consciente. Há uma tradição filosófica que diz que a liberdade consiste no exercício de um controle consciente dos desejos. Mas não fica clara, nessa concepção, a relação entre a autoconsciência e o desejo, apresentada muitas vezes sob o molde hidráulico do conflito de forças psíquicas, a razão e a paixão. Segundo Aristóteles, ao contrário, os outros animais podem ter crenças e desejos, mas o que distingue o humano do restante da natureza é a capacidade de tornar-se consciente das suas crenças e desejos, de considerá-los e de decidir o que fazer na base dessa consideração. Enquanto agente, o agente humano não é causado simplesmente a agir por seus desejos: ao refletir sobre eles e decidir quais e como satisfazê-los, os desejos se tornam razão. É ao agir por essas razões que o agente é racional e livre.

Assim, a concepção aristotélica da deliberação nos apresenta uma atividade mental que é simultaneamente uma reflexão e um processo pelo qual o desejo se constitui e se transmite. Como vimos, a deliberação do médico é também um processo de formação do desejo. A reflexão, aqui, não é, portanto, uma atividade separada ou distanciada do próprio desejo.

A *eudaimonia* não é algo que possa ser adequadamente compreendido a partir de uma perspectiva externa. Entre os fins da ação humana, Aristóteles distingue entre os que são diferentes das ações que os produzem e os fins que são as atividades mesmas. Essa distinção é central para a ética aristotélica, pois agir virtuosamente não é um simples meio para o fim diverso de viver uma vida boa ou feliz. Agir vir-

TEMPO, VERDADE E AÇÃO

tuosamente *constitui* a vida feliz. Ora, é isso que não pode ser compreendido plenamente pelo não virtuoso, pois, da sua perspectiva, o ato virtuoso aparece como oneroso ou insensato.

> Se há algum fim das coisas que fazemos, ao qual desejamos por ele mesmo (tudo o mais sendo desejado por causa dele)[...],é claro que esse deve ser o bem e o bem supremo. (*EN*, 1094a18-25)

A afirmação é hipotética. Aristóteles não supõe que há um fim que é alvo de todas as nossas ações. Ele argumenta que deve haver pelo menos um fim que não é subordinado a outros e que buscamos por ele mesmo. Não pode haver um regresso infinito dos fins, pois a ação seria impossível. Se há, pois, um bem, conhecê-lo será essencial em nossa vida.

O bem supremo da ação humana é a *eudaimonia*. Aristóteles identifica o bem em cada esfera ou domínio de ação com o fim para o qual se dirige a ação. (Na medicina, a saúde é o bem). Se há, portanto, um fim de tudo o que fazemos, esse será o supremo bem praticável pela ação humana. Ora, diz Aristóteles, todos concordam que a felicidade é o fim supremo da ação humana, mas não há acordo sobre o que seja a felicidade.

Assim, para descobrir o que é a *eudaimonia*, é necessário examinar o que é distintivo da vida humana. Só nas atividades características, no *ergon* próprio do homem é que descobriremos a capacidade especificamente humana de ser feliz. Como já vimos, a felicidade não é um fim meramente dado que a ética tenta realizar como um fim externo. A *eudaimonia* não se baseia na satisfação dos desejos que nos acontece de possuir. Ela consiste em satisfazer os desejos que são necessários possuir a fim de viver a vida plena. A eudaimonia e a vida virtuosa são, para Aristóteles, a mesma coisa.

Resta, então, uma vida ativa do elemento que tem um *logos* (desse, uma parte tem tal princípio no sentido de obedecer a ele, a outra no sentido de possuí-lo e de exercer o pensamento) [...] Ora, se o *ergon* do homem é uma atividade da alma em conformidade a, ou não sem o *logos*; [...] se é assim e se dizemos que o *ergon* do homem é um certo tipo de vida e que esse é uma atividade ou ação da alma acompanhada de *logos* e que a função de um homem bom é a execução boa e nobre de tal atividade; e se qualquer ação é bem executada quando executada de acordo com a virtude apropriada; se é assim, o bem do homem consiste numa atividade da alma segundo a virtude e, se há mais de uma virtude, segundo a melhor e a mais completa (*EN* 1097b22-1098a20; cf. *PA* 645b14).

Logos significa aqui princípio racional: a função do homem é uma atividade da alma segundo um princípio racional. Mas *logos* também significa ordem, proporção, harmonia. O *ergon* do homem é, assim, uma atividade de acordo com uma certa harmonia da alma. É por isso que Aristóteles conclui que o bem do homem é uma atividade da alma de acordo com a virtude. O exercício da virtude envolve, é certo, a razão prática. Mas, se o raciocínio prático não provém de uma certa organização da alma, ele é vácuo. É porque a vida do homem tem uma certa ordem que ele é capaz de raciocinar sobre ele: o *logos* no intelecto reflete o *logos* na alma.

Assim, se um homem é capaz de organizar seus desejos de modo a desejar viver uma vida especificamente humana, então ele estará *eo ipso* motivado a vivê-la. Viver essa vida satisfará seus desejos organizados e será uma vida plena e feliz.

Lista de Abreviaturas

DA - *De anima*
EN - *Ethica Nicomachea*
GMS - *Grundlegung zur Metaphysik der Sitten*
KpV - *Kritik der praktischen Vernunft*
M - *Metaphysica*
PA - *Partibus animalium*

Sobre uma crítica da razão jurídica

A segunda frase da *Crítica da razão prática* de Kant afirma o seguinte: "Ela [a *Crítica da razão* prática] deve meramente demonstrar *que há uma razão prática pura*" (*KpV*, V, 2)[NE].

Além disso, na observação ao §7 da Doutrina do Direito, lemos, para começar, que nos é necessária uma "crítica da razão jurídica prática" (*MS*, VI, 254), e na sequência, que a razão prática pode "se construir sobre proposições jurídicas *a priori* extensivas e, por consequência, sintéticas, cuja prova (como mostraremos logo) pode em seguida ser produzida, do ponto de vista prático, de modo analítico" (*MS*, VI, 255).

[NE]*As referências nas citações da* Crítica da razão pura *são da primeira e segunda edições. Para as demais obras de Kant foram utilizadas a paginação e abreviação da Academia, cuja lista completa encontra-se ao final do artigo. Na versão original publicada em francês, as citações de Kant estavam nessa língua. Na versão brasileira publicada, foram feitas versões para o português daquelas citações. Essa solução foi mantida para a presente edição, salvo no caso das obras com traduções consagradas no português, cuja referência completa está na bibliografia ao final.*

Essas duas afirmações de Kant, como todos nós sabemos, são surpreendentes. A primeira (aquela da crítica da razão jurídica), porque, quando procuramos a prova anunciada, descobrimos que não há tal prova e, mais ainda, que não pode haver. Com efeito, no capítulo sobre a dedução dos princípios da razão pura prática, Kant sublinha, em muitas ocasiões, que não há "dedução, isto é, com a justificação de sua [do princípio supremo da razão prática] validade objetiva e universal" do princípio supremo da razão prática (*KpV*, V, 46), que é, como sabemos, uma proposição sintética *a priori*.

A segunda afirmação (que se encontra na *Metafísica dos costumes*) é também surpreendente – isso de modo duplo, ao menos à primeira vista. De um lado, porque não encontramos, na sequência do texto, a demonstração prometida por Kant. De outro, porque pode parecer desconcertante que Kant nos diga que podemos produzir uma prova simplesmente analítica de uma proposição que é, como são as proposições jurídicas, sintética *a priori*. De fato, essa última surpresa não é pertinente. Uma prova puramente analítica está aqui em ordem, pois ela depende inteiramente do postulado da razão prática, que é, feitas as contas, a premissa sintética *a priori* da dedução nesse domínio. "Todos os deveres, escreve Kant, simplesmente porque são deveres, pertencem à ética" (*MS*, VI, 219).

Resta, porém, que a lei universal do direito é enunciada pela razão "como um postulado que não é, de outro modo, suscetível de demonstração" (*MS*, VI, 231). É o que Kant chama, no §2 da doutrina do direito, de "postulado jurídico da razão prática". Rápido percebemos, porém, que esse postulado nada mais é que uma aplicação do postulado da liberdade. E, uma vez mais, quando Kant introduz os conceitos preliminares da metafísica dos costumes ("*Philosophia Practica Universalis*"), nos diz que o conceito da liberdade no uso prático da razão prova sua realidade por "princípios práticos que,

TEMPO, VERDADE E AÇÃO 123

como leis – causalidade da razão pura (...) –, determinam o arbítrio e atestam em nós uma vontade pura, na qual os conceitos e leis dos bons costumes têm sua origem" (*MS*, VI, 221). É ele, no fim das contas, que permitirá a Kant construir o conceito prático fundamental, o conceito de *imputação*. "A imputação (*imputatio*)" – ele diz – "no sentido moral é o juízo pelo qual consideramos alguém como o autor (*causa libera*) de uma ação, que então chama-se ato (*factum*) e está submetida a leis"(*MS*, VI, 227).

Tais são, assim, os meus dois problemas. (É claro que deverá ser determinado previamente se são problemas reais e ainda se são mesmo dois).

Primo: do que se trata, no fim das contas, na crítica da razão jurídica? Pois, se não há dedução transcendental da liberdade, como pode ela (se é que chega a isso) estabelecer que há uma razão pura prática?

Secundo: há, em Kant, uma crítica da razão jurídica prática? Se o conceito de legalidade e de direito estão no centro da doutrina do direito e, mais ainda, se o conceito de direito "concerne apenas à relação externa, e a bem da verdade prática, de uma pessoa a outra, na medida em que suas ações, enquanto atos, podem ter (imediata ou mediatamente) influência uns sobre os outros" (*MS*, VI, 230); então, se o conceito de direito, como relação recíproca dos arbítrios, inclui analiticamente o conceito de poder, do que se pode tratar em uma metafísica do direito e do poder? Desde já suspeitamos que aqui a dificuldade será considerável, pois a reciprocidade das vontades inscritas no conceito mesmo de direito exige que uma outra liberdade seja necessariamente representada. Dito de outro modo, para que o direito se torne um conceito necessário, para que ele possa ser realmente deduzido, não é suficiente que o outro seja apenas postulado. A passagem da moralidade à legalidade parece exigir que o sujeito moral kantiano possa fundar o direito e o poder. Será que ele pode fazê-lo? – tal é minha segunda questão.

No que segue, pretendo proceder do seguinte modo. Num primeiro momento, resumirei dogmaticamente, em meu vocabulário (ou idioleto), o que me parece ser o problema mais geral da filosofia crítica de Kant. Tentarei, na sequência, justificar essa maneira de compreender (e o singular aqui poderá ser de importância) o pensamento de Kant. Em terceiro lugar, ensaiarei mostrar as particularidades desse problema no nível prático em geral. Por fim, tentarei reconstruir a resposta de Kant à questão posta desse modo. Isso me permitirá, talvez, chegar, ainda que de modo indireto e tortuoso, à problemática anunciada no título (algo pretensioso) de minha comunicação.

Permitam-me, então, recordar a mim mesmo algumas banalidades sobre Kant.

A filosofa crítica em geral, de um lado, é um esforço para distinguir o ser verdadeiro do reconhecimento do verdadeiro e, ao mesmo tempo, de manter um vínculo necessário entre esses dois termos. O verdadeiro, Kant escreve na *Crítica da razão pura*, é algo bem diferente do tomar algo por verdadeiro, seja apenas para um, seja para alguns ou para todos, e um não é de modo algum redutível ao outro. Em um sentido muito amplo, poderíamos dizer que o pensamento crítico se pretende uma ciência do ser verdadeiro. Mas em que sentido preciso?

Para começar, Kant restaura a natureza proposicional ou judicativa (isto é, não-representacional) do saber e o do pensamento. Se há conhecimento, há juízo, e há juízo apenas se há intuição e conceito. Daí não haver lugar para espantar-se com o fato de que o primeiro livro da *Analítica Transcendental*, cujo título é "Analítica dos conceitos", comece por

TEMPO, VERDADE E AÇÃO

125

uma análise do juízo. O entendimento, com efeito, é a faculdade de conhecer por conceitos (B 93). E porque conhecer por conceitos é julgar, o entendimento não pode fazer qualquer outro uso desses conceitos a não ser julgar por meio deles. O saber e o pensamento, por consequência, não são de modo algum da ordem da contemplação do imediato, da visão. Eles são, como diz Kant de forma exaustiva, uma *atividade*, algo da ordem do fazer.

Mas o que é, afinal, um juízo? Uma vez dado, como acabei de lembrar, que o entendimento em geral pode ser representado como uma faculdade de julgar, e, de outro lado, que o juízo se define como a unidade de conhecimento e pensamento, de modo a poder ser definido, ao menos em parte, como o lugar do verdadeiro e do falso, podemos dizer, nessas condições, que o entendimento é a capacidade do verdadeiro e do falso. Ora, a partir de sua definição nominal (reproduzida por Kant em B 82), a verdade nada mais é do que a "conformidade do conhecimento com o seu objeto".

Eis aí algumas definições elementares, mas centrais. É a partir delas que Kant pode pôr seu problema em termos bastante gerais. Se, provisoriamente, tomarmos uma definição quase-cartesiana da razão como capacidade de distinguir entre o verdadeiro e o falso (*Discurso do método*), então podemos dizer que uma crítica da razão (seja teórica, prática, ou outra) consiste, justamente, na demonstração da realidade de tal capacidade. Trata-se, assim, de provar que somos racionais nesse sentido mínimo, quer dizer, que somos capazes, por nossos juízos, de discernir entre o verdadeiro e o falso.

Convém, contudo, avançar com um pouco mais de prudência. Pois pode ser que o conceito de verdade (e, por consequência, que um certo conceito correlativo de conhecimento e de objeto) não possua lugar legítimo, ou unívoco, no domínio prático. Se nos lembrarmos da definição nominal de verdade a que acabei de me referir, e que Kant declara expressamente admitir e supor, pode ser que não possamos dizer, *stricto sensu*, das proposições práticas que são verdadeiras ou falsas. Ainda assim, porém, lidamos aqui com proposições, e mesmo com juízos – e Kant insiste muito nisso. Deixando para voltar mais tarde a esse ponto, é talvez menos comprometedor falarmos aqui de aceitabilidade e inaceitabilidade. *Se, ao invés de falarmos de verdade e falsidade, aceitarmos* essa legislação terminológica inofensiva, ser racional de ponto de vista prático significaria dizer: dispor de regras universais e necessárias cuja aplicação permite decidir, para todo juízo prático, se ele é ou não aceitável. Tocamos aqui em um aparente deslizamento do significado do conceito de razão em seu sentido mínimo e, por consequência, do conceito de verdade e de objeto. Como poderemos ver na sequência, esse deslocamento semântico será pleno de consequências. Em uma palavra: a objetividade não é mais uma propriedade que advém ao juízo quando de sua relação com o objeto. Ela é, antes de tudo, uma propriedade lógico-transcendental da proposição. Mas assim antecipo um ponto capital, ao qual terei de retornar depois.

A partir do que foi dito (de modo muito apressado), creio que podemos – e devemos – distinguir três níveis na filosofia prática de Kant. Antes de tudo, podemos supor que sabemos o que é justo e injusto, e que sabemos também como agir, ainda que não estejamos em condições de formular claramente os princípios que determinam nossos juízos e guiam nossas escolhas. O argumento de Kant próprio a essa etapa consiste então em mostrar que o imperativo categórico é uma pressuposição necessária desse tipo de saber prático. Sob forma condicional, a conclusão dessa exposição é a seguinte: se as convicções éticas ou morais comuns são verdadeiras ou falsas, se são fundadas ou não, então a lei moral constrange incondicionalmente todo aspecto racional enquanto tal. Talvez não seja abusivo situar, nesse nível de argumentação, a pri-

TEMPO, VERDADE E AÇÃO

meira seção da *Fundamentação da metafísica dos costumes*, ou seja, a passagem do conhecimento racional comum da moralidade ao conhecimento filosófico.

Em todo o caso, que esse argumento não justifica, de modo algum, a proposição que exprime a lei moral. Com efeito, temos a necessidade de uma refutação direta de todo pensamento moral baseado na heteronomia. Com essa finalidade, Kant apoia-se sobre a análise da liberdade que encontramos na *Crítica da razão pura*, e o seu argumento adquire a seguinte forma: se a razão pura é capaz, por si mesma, de mover o homem a agir – i. e., se a razão pura é prática -, então a única lei dessa razão motriz é a lei moral. Se o cético prático nega de modo renitente que a razão pura possa ser prática, então todos os juízos práticos (os seus inclusive) que avaliam a ação, ou mesmo que se limitam a uma simples imputação do agente, não possuirão nenhum fundamento, pois não estaremos mais lidando, nesse caso, com *agentes* no sentido estrito do termo, mas apenas com causas naturais. *A fortiori*, não será mais questão de agentes moralmente responsáveis. Ora, dado que censurar ou aprovar pessoas (por ações em relação às quais elas são consideradas responsáveis) pressupõe o reconhecimento da validade da lei moral, a negação desta inclui o abandono de todo juízo moral e, de modo mais geral, de todo juízo prático, qualquer que ele seja. Nesse nível de prova, a questão está em mostrar que a legitimidade de toda a linguagem moral e prática implica, por necessidade, a admissão da validade e do caráter último e irredutível da lei moral. Para dizer de um outro modo, a lei moral é o fundamento último da imputação, isto é, de todo juízo por meio do qual, como diz Kant, vemos alguém como causa livre ou como autor de uma ação (*MS*, VI, 225).

Mas estamos ainda longe de resolver todas as nossas dificuldades. Precisamente porque resta ainda a possibilidade lógica de negar a possibilidade mesma de todo juízo prático enquanto tal. Os argumentos de Kant devem então ser mais fortes, e sua prova deve dar um passo a mais. Em sua teoria da vontade racional encontramos a tese (talvez de forma apenas implícita) a partir da qual, se o homem é capaz de agir em geral – isto é, se a razão pode, em geral, de um modo jurídico, determiná-lo à ação, sendo, por consequência, prática – então a razão pura deve necessariamente poder movê-lo. Segue-se, portanto, que a lei moral é válida. Observemos que o argumento de Kant permanece, mesmo aqui, condicional: se o homem é capaz de agir *überhaupt*, então ele está *de ipso* submetido ao imperativo categórico. Se a prova for boa, o cético prático se vê acuado diante do seguinte dilema: ou bem aceitar a validade da lei moral, ou bem negar a possibilidade mesma de toda ação, isto é, de toda conduta racional como tal.

Ora, é nesse nível precisamente que encontramos o primeiro problema de que falei no início. Poder-se-ia esperar, então, que Kant fornecesse, agora, a prova direta do antecedente da proposição condicional que foi demonstrada no nível anterior, a saber: que o homem é capaz de ser movido somente pela razão. De modo que, ao reunir as conclusões das três etapas argumentativas, Kant estaria, a partir de então, em condições de afirmar categoricamente: o homem é necessariamente vinculado à lei moral.

Todavia, é impossível, como sabemos, provar diretamente que o homem é capaz de ser movido somente pela razão. Para dizer a verdade, sabíamos desde o começo. Com efeito, tal prova equivaleria a estabelecer que seus atos são determinados independentemente de toda causa fenomênica. Mas a crítica da razão pura mostrou, justamente, que todo evento no mundo, aí compreendido o comportamento humano, é completamente determinado por leis universais e necessárias. Assim, o homem não poderia ser determinado apenas pela razão, senão unicamente na medida em que é um

TEMPO, VERDADE E AÇÃO

agente noumênico, um sujeito em si. O que resta, então, da promessa kantiana anterior, que encontramos no início do Prefácio da *Crítica da razão prática*, "de estabelecer que há uma razão pura prática"? Através de que meios ele poderá manter sua promessa?

É por isso que, nesse terceiro nível de demonstração, Kant não chega a provar mais do que duas proposições, as quais, tomadas em conjunto, são mais fracas que o antecedente da proposição condicional estabelecida no nível precedente (se o homem é capaz de ser determinado a agir somente por razão, então ele é obrigado, de um modo absoluto e incondicional, a comparar sua ação com o imperativo categórico). É nesse momento que ele se apoia sobre a resolução da terceira antinomia (da liberdade e do determinismo), que ele apresenta na *Crítica da razão pura*, assim como sobre as análises da ação, da imputação e da obrigação, e tenta provar as duas teses seguintes. A primeira é que não há contradição lógica entre o princípio do determinismo fenomênico e a afirmação segundo a qual o homem é capaz de ser movido à ação somente pela razão. Essas duas proposições, quando as interpretamos corretamente, são ambas verdadeiras. A segunda tese que Kant estabelece é esta: para que um agente racional possa agir *überhaupt*, para que ele possa ser sujeito de imputação, ele deve necessariamente supor que pode ser movido somente pela razão.

Deixo de lado os problemas que essa reconstrução da argumentação kantiana em sua filosofia prática põe para a interpretação da relação entre a *Fundamentação da metafísica dos costumes* e a *Crítica da razão prática*, sobretudo no que diz respeito às relações entre a terceira seção da primeira obra e o capítulo sobre a dedução, na segunda. Em última análise, trata-se, nos dois casos, de saber "se o que se denomina dever não seria de todo um conceito vazio" (*GMS*, IV, 421), pois "não chegamos ainda ao ponto de provar *a priori* que seme-

130

BALTHAZAR BARBOSA FILHO

lhante imperativo [categórico] tenha efetivamente lugar, que haja uma lei comandando por si só de maneira absoluta e sem quaisquer molas propulsoras, e que a observância dessa lei é um dever" (*GMS*, IV, 425). Kant reconhece, então, expressamente, que ainda não provou a existência de uma razão pura prática. Em outras palavras: mesmo que ele tenha tido sucesso em determinar, no caso dela existir, o que deve ser a moralidade, devemos agora nos perguntar, precisamente, se ela existe.

Sobre isso, fazemos nosso o ponto de vista de Alquié. As reservas formuladas no final da *Fundamentação* (*GMS*, IV, 458, 459) permitem, com efeito, afirmar que o verdadeiro objetivo dessa obra não é fornecer a solução do problema da validade do conceito de liberdade. Como disse Alquié: trata-se apenas de extrair o elemento moral em sua pureza, de mostrar que o princípio moral é aplicável à conduta, de estabelecer que as objeções que podemos opor à doutrina da autonomia não poderiam depor contra ela.[1] Além do mais, é isso o que o próprio Kant nos diz, quando escreve, no prefácio à *Fundamentação*, que esta "nada mais é do que a busca e o estabelecimento do *princípio supremo da moralidade*, constituindo por si só uma ocupação <que>, quanto ao seu objetivo, <é> completa e a ser separada de toda outra investigação moral" (*GMS*, IV, 392).

Como quer que seja, e antes de continuar, ou seja, antes de voltar às minhas duas questões de partida, são necessárias duas ou três observações suplementares.

A primeiríssima diz respeito à definição de 'vontade' em Kant. O que me parece decisivo em relação a isso, é que Kant

---

[1] F. Alquié, in: Kant, *Oeuvres philosophiques*. Bibliothèque de la Pléiade, Paris: Édition Gallimard, 1986, p. 239.

TEMPO, VERDADE E AÇÃO

não define a vontade como nome de uma faculdade ou parte da alma. (Tal concepção nos conduziria a questões do tipo: quais são os fatores que determinariam a vontade? Ou: Sob que condições a vontade pode se sobrepor ao desejo?, e assim por diante). Na verdade, o que Kant define é 'ter uma vontade'.

Assim, 'ter uma vontade' significa 'ser capaz (ou ter o poder) de ser movido por razões'. Ora, ser capaz de 'ser movido por razão' quer dizer o mesmo que ser capaz (ter o poder) de agir segundo a representação de leis. "Melhor ainda: ser capaz de ser movido por razões significa ser capaz de ser movido pela compreensão da verdade de uma proposição". (Segundo Kant, essas proposições, cuja compreensão pode nos fazer agir, são sempre proposições universais. E ele nomeia tais proposições universais leis, e sua compreensão, princípios).

Ora, ser capaz de agir segundo a (ser movido por) representação de leis não é nada mais do que ser capaz de *derivar* as ações (isto é, o que fazer) das leis mesmas. Mas apenas a razão é capaz de derivar ações (o que fazer) a partir de leis. Uma vez que, por definição, a função da razão que deriva o que fazer (as ações) de leis é a razão prática, segue-se que "*der Wille ist nicht anders, als praktische Vernunft*".

Dito isso, Kant introduz, nós sabemos, os conceitos de imperativo e de lei moral. Dessas noções, segue-se que as leis morais não são comandos. Elas são princípios da razão prática, que necessariamente são experimentados como ordem por seres que, como nós, podem ser levados a transgredi-los.

No que consiste, então, a diferença entre os imperativos hipotéticos e categóricos? Minha segunda observação exige que relembre duas coisas sobre isso. *Primo*: um imperativo hipotético, estritamente falando, jamais é válido por si mesmo, mas apenas para um agente. Por oposição, um imperativo categórico válido é uma fórmula que comanda uma ação

132 BALTHAZAR BARBOSA FILHO

para a qual há razões que são boas razões para todo ser racional enquanto tal. Assim, eles são válidos por si mesmos. *Secundo*: contrariamente ao que dizem alguns intérpretes, isso não significa que os imperativos hipotéticos não ordenam de maneira absoluta. Os seus comandos, contudo, são válidos apenas para os aspectos racionais que satisfazem as condições estipuladas no antecedente da ordem. A diferença eventual está em que, no imperativo categórico, as condições (especificadas no antecedente) são necessariamente satisfeitas por todo agente racional como tal.

Então, a forma do imperativo categórico é algo como: 'Na medida em que você é um agente racional, faça A'. É evidente que a validade de uma proposição desse tipo jamais pode ser derivada de uma premissa analítica. Qual é, então, o fundamento de sua legitimidade?

Tão somente do conceito de um imperativo hipotético em geral, posso derivar apenas o esquema de tal imperativo, a saber: 'Se você possui F como fim, faça A, que é um meio para F'. Antes de saber que fim particular F um agente escolheu, ou, como diz Kant, "antes que a condição seja dada", é impossível saber quais são os imperativos hipotéticos particulares que são válidos para ele. A contrapartida está em que a justificação dos imperativos é pura e simplesmente analítica: seu princípio pertence unicamente à lógica formal.

Por sua vez, o imperativo categórico é aquele cuja condição se aplica a (é válida para) todo agente racional como tal. 'Na medida em que você é um agente racional, então'. Por consequência, se há imperativos categóricos válidos em geral, nós devemos poder derivá-los do simples conceito de um imperativo categórico em geral. Com efeito, não há, nesse caso, condições particulares, especificáveis empiricamente, que devam ser dadas para que o imperativo seja válido. Pois se tem apenas a condicional universal: 'Se você é um agente racional, então'. Mas então o quê? O único comando racio-

TEMPO, VERDADE E AÇÃO

nal que pode ser derivado de tal premissa é o comando de ser racional. Se empregarmos o vocabulário kantiano das máximas e razões, teremos o comando de realizar apenas ações para as quais possuímos boas razões. Ora, porque fazemos abstração de todas as condições de particularização, isso significa apenas: 'Aja apenas a partir de máximas cuja adoção se funda em razões que são, ao mesmo tempo, boas razões para todo agente racional'. Como escreve Kant, "nada resta senão a universalidade de uma lei em geral à qual a máxima da ação deva ser conforme" (*GMS*, IV, 421).

Daí segue-se (e nunca é demais observar) que a vontade, a razão prática, se ela é possível, é necessariamente autônoma. Dito de outro modo, o único fim que a razão prática, enquanto razão, pode e deve dar a ela mesma, não é nada mais do que ela mesma. Mas vejam bem: se ela for possível, o que ainda é preciso demonstrar. Mas desde já está determinado que a pessoa, esse sujeito cujas ações são suscetíveis de imputação, "não pode estar submetido a outras leis a não ser àquela que ela dá a si mesma" (*MS*, VI, 222).

Chego então à minha terceira observação preliminar. Dado que um ser racional (finito, é preciso acrescentar) tem a faculdade de se representar leis, segue-se a admissão prática necessária da liberdade de todo agente enquanto racional. O problema consiste agora na justificação de tal admissão. Certamente, Kant nos mostrou, até aqui, que a imputação supõe necessariamente a validade da lei moral e que essa validade repousa, por sua vez, sobre a aceitação necessária da liberdade. Ele chegou mesmo a mostrar, ainda, que o verdadeiro conteúdo (em verdade, o único possível) do conceito de liberdade é o conceito de autonomia. O que importa agora é estabelecer a realidade da autonomia, a validade objetiva do conceito.

É nesse ponto, de resto, que Kant se afasta de modo decisivo da concepção humeana da causalidade. Segundo

Hume, com efeito, a causalidade requer a homogeneidade ontológica dos *relata*. É isso justamente que Kant deve negar, pois, de outro modo, não poderia mais introduzir, desde a *Crítica da razão pura*, a noção de uma causalidade inteligível, que, não esqueçamos, é uma espécie de causalidade. Toda causalidade, contudo, implica uma lei. A vontade é uma causalidade. Contudo, a vontade dos seres racionais, enquanto causalidade, não pode, então, escapar da lei. Na medida em que ela é livre, entretanto, essa causalidade que é a vontade, só pode ser essa causalidade que ela mesma põe. Uma causalidade livre só pode ser autônoma. Eis porque "o conceito de liberdade" – escreve Kant – "é a chave da exposição da autonomia da vontade". Ou ainda, como é dito no §8 (Teorema IV) da crítica da razão jurídica: "A autonomia da vontade é o único princípio de todas as leis morais e dos deveres conformes a elas" (*KpV*, V, 33).

Tal como entendo, está aí uma parte do significado dessa afirmação algo impactante que encontramos em Kant: "Todo ser que não pode agir a não ser sob a ideia de liberdade é, por isso mesmo, do ponto de vista prático, realmente livre". A afirmação choca, pois como acabamos de ver Kant demonstrou sua primeira parte por simples análise: com efeito, é contraditório agir de outro modo que não sob a ideia de liberdade. O que conduz a dizer que a proposição 'X é livre' é condição da verdade da proposição 'X age'. Para dizer a verdade, o vínculo lógico é, aqui, ao mesmo tempo, mais fraco e mais geral. Ele deve se formular assim: 'se ele age, ele deve necessariamente se pensar como livre'. 'X pensa que é livre' é então condição de verdade de 'X age'. Essa relação lógica não deve nos surpreender, se nos lembrarmos de que o conceito de ação é, em Kant, sempre *intencional*, o que carrega consigo, no caso presente, 'X age' implica 'X pensa fazer qualquer coisa'. Mas não é aí que a lacuna é considerável. Toda a questão permanece, precisamente, em saber se X age. Temos então de retornar a esse problema, o qual, além do mais – espero ter mostrado – possui nexo com a doutrina kantiana da causalidade, que (acabamos de ver) deve recusar a homogeneidade ontológica dos termos que ela põe em relação. Nós temos, então, para Kant, aparentemente uma heterogeneidade ontológica, ou, melhor ainda, categorial, dos *relata*. Donde a impressão de um desagradável ranço platônico em sua teoria da causalidade. Mas não se trata de modo algum disso – como irá aparecer na sequência.

Finalmente retorno ao meu ponto de partida. Por que Kant parece, de um modo ou de outro, renunciar a toda justificação da natureza prática da razão, chegando até mesmo a afirmar, volta e meia, que tal empreitada é impossível e inútil? Bom, a resposta mais cômoda, a mais comum e – de meu ponto de vista - a menos esclarecedora, consiste em dizer que se trata de um fato. Um fato da razão, bem entendido - mas, de todo modo, de um fato. Ainda é preciso compreender-lhe o conceito e o papel que ele desempenha na teoria. E para começar, de que fato exatamente se trata? Como, por meio dele, chegaremos a conhecer a liberdade? Como ele pode desempenhar o papel de princípio último na justificação de todo o domínio prático? Em seguida, no que consiste a facticidade desse fato? Podemos aplicar uma noção definida no domínio teórico ao domínio prático? Essa extensão é legítima?

Evidentemente a extensão do conceito de fato, do campo teórico ao campo da prática, só é inteligível se acompanhada de uma mudança paralela das noções de verdade e de objeto. De um ponto de vista muito geral, um fato é sempre aquilo que torna verdadeira (ou falsa) uma proposição. Donde a definição nominal da verdade que Kant aceita e pressupõe. Todo o problema crítico, como dissemos, consiste em estabelecer a possibilidade de determinar a verdade. Ora, dizemos que nosso conhecimento é objetivo se ele concorda com seu objeto. Nesse sentido, a objetividade é uma propriedade que os fatos (as coisas) conferem a nossos pensamentos. Mas dizemos igualmente que nossos juízos são objetivos quando preenchem certos critérios, quer dizer, a universalidade e a necessidade. Pois é exatamente nesse ponto de sua doutrina que Kant examina o conceito de objeto do conhecimento, o qual assume o lugar do conceito de objeto *simpliciter*. Ele descobre, então, que o conteúdo substantivo desse conceito esgota-se na noção de objetividade. O objeto do conhecimento, na filosofia crítica, nada mais é do que um "isso que". Como Kant diz na Dedução Transcendental, ao examinar a origem da necessidade de nosso conhecimento: "esse objeto nada mais é do que algo cujo conceito exprime uma tal necessidade de síntese" (A 106). A universalidade e a necessidade são os traços que definem esse fundamento objetivo que é exigido pela noção mesma de conhecimento. Kant mostra assim que a única objetividade da qual podemos falar de modo razoável é a objetividade no sentido lógico-transcendental. Desse ponto de vista, dizer que um pensamento é objetivo ou que um juízo é verdadeiro, consiste em dizer que o pensamento em questão é universal e necessário. Eis porque podemos dizer que tal pensamento lida com objetos. É o que afirma Kant na segunda analogia: "Se procurarmos que nova relação um objeto dá a nossas representações, e que espécie de dignidade elas retiram dele, encontramos que essa relação nada mais faz a não ser tornar essa ligação de nossas representações de uma certa maneira necessária, submetendo-as a uma lei" (A 197/B 242). Por consequência, nesse segundo sentido 'objetivo' significa não o estatuto de objetos materiais, em oposição a nossos devaneios, mas as características de nosso conhecimento. Um conjunto qualquer de proposições é dito objetivo, se elas enunciam verdades que são universais e necessárias. Quando tomamos a objetividade nesse sentido, não fazemos qualquer suposição sobre a natureza

TEMPO, VERDADE E AÇÃO

do lastro sobre o qual o conhecimento está ancorado. Os únicos traços que definem o saber – Kant não hesita em repetir – são a necessidade e a universalidade. Poderíamos objetar que esses dois traços constituem uma análise da objetividade, e não do objeto. Mas um objeto, insiste Kant, é simplesmente aquilo que funda ou explica ou serve (como *locus* da) à objetividade. De modo mais específico, o objeto é o que necessita a conexão das representações em um juízo. Uma proposição é verdadeira, justamente, se ela liga, no juízo, o que é ligado no objeto. Ora, se objeto não pode ser uma entidade distinta ou separada de sua representação, e se ao mesmo tempo ele deve servir de fundamento da conexão objetiva das representações, então o objeto deve ser simplesmente uma maneira específica de organizar as representações.

Sabemos que o conceito de objeto é uma regra para a síntese de um múltiplo, quer dizer, uma regra para organizar as representações. O objeto, por consequência, é – e apenas é – aquilo que, no fenômeno, contém a condição da retomada sintética do múltiplo das percepções. O problema não está então em encontrar e exibir uma entidade à qual pudéssemos colar a etiqueta de objeto, mas, muito pelo contrário, está em encontrar uma ordem no múltiplo que, de um lado, seja diferente da ordem da consciência subjetiva, de outro, apresente as marcas exigidas da objetividade.

É assim que Kant substitui certas noções ilegítimas que dizem respeito a um domínio independente de objetos por certas características lógicas dos juízos. Tudo o que podemos ter são a universalidade e a necessidade. Por consequência, é tudo o que podemos, legitimamente e de modo sensato, exigir. Aquele que se obstina a perguntar como as coisas realmente são, como é o mundo realmente – quer dizer, aquele que insiste em saber como é um objeto, independentemente do saber que dele temos – esse não sabe o que pergunta.

É assim, então, que Kant – me parece – justifica a utilização da noção de fato no domínio prático. Com efeito, a partir do que foi dito, se estabelecemos que uma proposição é universal e necessária, somos, desde então, autorizados a afirmar que ela exprime um fato. A bem da verdade, é o mesmo dizer que um juízo é necessário e universal e que ele exprime um fato. Então, não é necessário, diz Kant, "nem mesmo exequível, limitar esta expressão simplesmente à experiência efetiva" (*KU*, V, 457n). Por consequência, a ideia de liberdade é a única "cujo objeto é um fato e que tem que ser contada entre os *scibilia*" (*KU*, V, 457).

O que é, afinal, o fato da razão? Que papel ele desempenha no estabelecimento da existência de uma razão pura prática?

O fato da razão não é nada de diferente do que a consciência que temos do caráter necessariamente autolegislativo da liberdade, isto é, da razão em seu uso prático. Agora, se supomos estabelecido o resultado do que poderíamos chamar 'a dedução metafísica' da lei moral em Kant, ou seja, se admitimos a validade da proposição condicional seguinte: "se a simples forma legislativa das máximas pode, por si mesma, determinar a vontade, então essa vontade é necessariamente livre e, então, autônoma", de modo que, nesse caso, é suficiente pôr o antecedente para que a consequência siga-se logicamente. Está certo: é evidente que não podemos demonstrar diretamente o antecedente. Então, Kant procede por meio de uma demonstração por absurdo. Suponhamos que eu *negue* poder ser determinado somente pela razão. Na teoria de Kant, isso é o mesmo que estar quase dizendo que todos os meus atos são causalmente – isto é, de modo fenomênico – determinados. E isso leva à abolição de toda distinção entre o lógico e o empírico, entre o *quid juris* e o *quid facti*. No domínio fenomênico, com efeito, há uma per-

TEMPO, VERDADE E AÇÃO

feita homogeneidade entre os *relata* (os termos postos em relação) de uma relação causal. Além do mais, a relação entre esses termos não é – e não pode ser – uma relação estritamente lógica, o que, na linguagem de Kant, quer dizer que o princípio dos enunciados de causalidade não é o princípio de não-contradição. Torna-se assim impossível negar que eu possa ser determinado somente pela razão (Tal negação – se, coisa impossível, ela fosse verdadeira – não estaria em contradição lógica com aquilo que ela nega. Dois eventos naturais podem se opor um ao outro. Mas é absurdo dizer que um possa ser *a negação lógica* do outro). Por consequência, não estaríamos mais lidando com um *juízo* no sentido kantiano do termo, isto é, com um ato de reconhecimento do verdadeiro. Tal negação é estritamente impossível. Definitivamente ela é, assim me parece, a significação última da frase de Kant que acabei de citar há pouco: "Todo ser que não pode agir a não ser sob a ideia de liberdade é, por isso mesmo, do ponto de vista prático, realmente livre". Um ser pensante (um animal lógico, como dizia Aristóteles) não pode agir, *enquanto pensante*, a não ser sob a ideia de liberdade, ou seja, independentemente de determinações fenomênicas, o que significa um pouco mais: sob a ideia de autodeterminação. Do ponto de vista prático, ele é realmente e necessariamente livre.

O fato da razão não é, agora podemos dizer, nada diferente do fato de que ela compreende suas próprias atividades. Ele é aquilo que torna verdadeira a proposição transcendental que ele enuncia.

Eis aí, me parece, o modo como Kant consegue estabelecer "que há uma razão pura prática". Em última instância, o único fato da razão é sua autonomia, sua independência das causas fenomênicas, mas, ao mesmo tempo, sua submissão a leis. Essa submissão, desde então, é somente possível se a *ra-*

zão dá a si mesma suas próprias leis. Por sorte não tenho tempo de me deter aqui sobre a estrutura desse argumento kantiano e, sobretudo (por sorte maior ainda), sobre as relações – e as diferenças – entre as deduções transcendentais das duas *Críticas*. É preciso, afinal de contas, chegar à minha segunda questão.

Então, como fica a questão de uma "crítica da razão jurídica prática"? Finalmente, como fica a questão de uma "crítica da razão política"? Bom, depois do que foi dito penso que a resposta é simples: em Kant, ela não pode existir. Como eu disse no início, para que o conceito de direito, como relação recíproca de arbítrios e liberdades, seja uma representação *necessária*,é preciso que o outro, como *agente imputável* (isto é, como diz Kant, como autor (*causa libera*) de uma ação), seja sempre *pressuposto*. Mas, precisamente, podemos apenas pressupô-lo. Em Kant, o outro[NE] jamais é conceitualmente necessário, mesmo como postulado. Como efeito, assim como jamais podemos *construir* a ideia de liberdade, nem, por conseguinte, dar exemplos de moralidade, não podemos também construir a ideia de uma pluralidade de agentes livres. Uma vontade livre aparece na experiência sempre como uma vontade causalmente determinada. Os atos realizados por dever aparecem sempre como atos conformes ao dever. De outro lado, a forma mesma de toda dedução transcendental (ao menos no domínio prático) é necessariamente expressa na primeira pessoa. Na medida em que *eu* penso, *eu* só posso agir sob a ideia de minha autonomia. Mas isso é tudo. Por tudo que pode ser extraído da prova, o outro[NE] pode muito bem ser um ser natural.

[NE] *No original: original* "autrui".

[NE] *No original: original* "autrui".

Eis aí porque a única prova que podemos dar de proposições jurídicas (que são, contudo, sintéticas *a priori*) é uma prova analítica. Como eu disse, as proposições jurídicas dependem, integralmente, do postulado da razão prática. Mais uma vez cito Kant: "Todos os deveres, simplesmente porque são deveres, pertencem à ética". Creio que, nesse ponto da exposição, podemos e devemos acrescentar: todos os deveres, como tais, reduzem-se a deveres éticos. Isso implica dizer que os imperativos jurídico-políticos são formalmente *hipotéticos*. Se supusermos sua condição (isto é, a lei moral) dada, sua justificação, então, é puramente analítica.

Não há, então, razão política em Kant. Pois, para ele, não há proposição política. O que quero dizer com isso é simplesmente que não há, em Kant, juízos *especificamente políticos*. Com efeito, se o que caracteriza um tipo de proposição é sua forma lógica, então Kant reconhece apenas duas: teóricas e práticas, descritivas – constitutivas – e normativas. E essas últimas, acabamos de ver, são éticas.

Mas se é assim, se não há, em Kant, juízos especificamente políticos e, *a fortiori*, se não há Crítica da razão política, que sentido, nessas condições, pode ter ainda a expressão *"filosofia política de Kant"*, isto é, um saber *a priori* do político?

A esse propósito, devo acrescentar que existem ainda questões muito importantes em Kant que ainda esperam uma resposta definitiva. Só que, como eu já disse, volta e meia tenho o sentimento de que as mais importantes estão ainda para ser formuladas.

Tradução (revisada com anuência do autor):
Daniel Tourinho Peres

Lista de Abreviaturas

GMS - Grundlegung zur Metaphysik der Sitten
KpV - Kritik der praktischen Vernunft
KU - Kritik der Urteilskraft
MS - Metaphysik der Sitten

Traduções brasileiras de obras de Kant utilizadas nesta edição

Kant, I. *Crítica da faculdade do juízo*. Tradução de Valério Rohden e Antonio Marques. Rio de Janeiro: Forense Universitária, 2002.

Kant, I. *Crítica da razão prática*. Tradução de Valério Rohden.São Paulo: Martins Fontes, 2003.

Kant, I. *Fundamentação da metafísica dos costumes*. Tradução de Guido Antônio de Almeida. São Paulo: Discurso Editorial, 2009.

CONDIÇÕES DA AUTORIDADE E AUTORIZAÇÃO EM HOBBES[*]

O homem faz parte da natureza. Consequentemente, o moralista e o filósofo político devem ser naturalistas. Dois grandes pensadores enunciaram este princípio metodológico com perfeita clareza e seguiram-no com rigor obstinado: Hobbes e Espinosa. A servidão e a infelicidade do homem, assim como sua liberdade e sua felicidade idealmente possíveis, devem ser deduzidas e explicadas como consequências necessárias de seu estatuto enquanto ser *finito* na natureza. A exortação e o apelo à emoção, ao sentimento e ao desejo são tão inúteis e inoportunos em filosofia política quanto em filosofia natural.

Os seres humanos são objetos *finitos* na natureza. Como todas as outras coisas particulares, eles perduram e guardam sua identidade somente na medida em que uma certa distribuição total de movimento e de repouso é preservada no sistema de partículas últimas que os compõem. A identidade de uma coisa particular qualquer na natureza depende logicamente de seu poder de autoconservação, quer dizer, de

---

[*] Este trabalho foi realizado com o auxílio do CNPq.

sua capacidade de manter uma distribuição suficientemente permanente de energia no sistema como um todo, não obstante a alteração constante de suas partes. Quanto maior for o poder de autoconservação da coisa particular face às causas exteriores, mais realidade terá a coisa e mais claramente ela poderá ser distinguida como possuindo uma natureza e uma individualidade definidas. De tal sorte que é necessariamente verdadeiro que todo ser finito, seres humanos incluídos, esforça-se por preservar a si mesmo e aumentar ser poder de autoconservação. O *conatus* é uma característica necessária de tudo na natureza, pois esta tendência à autoconservação faz parte da definição do que é ser uma coisa distinta e identificável.

Como veremos mais tarde, é necessário sublinhar este ponto para bem compreender o pensamento de Hobbes. Que todos os homens procurem sua própria preservação e segurança, eis o que parece bem banal. Em geral, os intérpretes de Hobbes tomam esta premissa simplesmente como um fato sobre a natureza humana, fato confirmado pela observação da conduta. Outros filósofos e psicólogos, opondo-se a Hobbes, negam pura e simplesmente que se trate de um "fato" atestado pela observação. Ora, tal controvérsia sobre a psicologia humana é totalmente improcedente para a filosofia hobbesiana. Isto é claro. Hobbes afirma que todos os homens buscam, em primeiro lugar, sua própria preservação e a ampliação de seus poderes. Porém, quando diz isto, ele não faz simplesmente uma constatação sobre fatos observados do comportamento humano. Na realidade, ele está explicitando, por análise, uma consequência de sua própria concepção da individualidade; e esta consequência pode aplicar-se a uma coisa finita qualquer e não especialmente aos seres humanos. Consequentemente, não é nem necessário nem suficiente mencionar descobertas da psicologia para refutar sua tese. O que é preciso é mostrar que suas definições são inconsistentes

TEMPO, VERDADE E AÇÃO

145

ou inaplicáveis ou atacar o sistema lógico do qual esta doutrina é somente uma parte.

O objetivo deste trabalho é aglutinar o pensamento de Hobbes tal como ele se exprime no *Leviathan* em torno de um tema. Trata-se de interpretar parcialmente a obra como um projeto de justificação racional da autoridade. Mas há duas restrições preliminares que se impõem imediatamente. A primeira é que não se pretende sustentar que este tema coagulador seja o único no *Leviathan,* nem mesmo que ele seja o principal. A ambição é, tão somente, mostrar que ele desempenha um papel central neste livro, além de seu interesse intrínseco. Em segundo lugar, este trabalho não tem a intenção de dizer que a questão é posta por Hobbes nos termos da interpretação proposta. Se assim fosse, aliás, toda a interpretação tornar-se-ia vã e ociosa. São as circunstâncias externas da composição do *Leviathan,* as vicissitudes históricas de sua redação, que explicam em parte que o autor não tenha seguido totalmente, na "ordem das razões", o método de exposição do político que ele mesmo se propusera. Como ele escreveu no Prefácio do *De Cive,* aconteceu que "o que era último na ordem tenha, todavia, aparecido primeiro".

Isto posto, entretanto, trata-se propriamente do pensamento de Hobbes e não de uma variante fantasiosa do que ele teria podido dizer. Em história da filosofia como em tudo, não é questão – já se o disse – de reviver o passado (como se isso fosse possível!), mas de bem compreender o presente que ele foi.

Portanto, adotaremos como estratégia de exposição a ideia segundo a qual Hobbes pretende, no *Leviathan,* provar a seguinte proposição: para seres humanos finitos, é mais racional a instituição do poder comum (do Estado) que permanecer no estado de natureza. A compreensão exata desta proposição supõe – é evidente – uma concepção clara de duas coisas: 1º) o que Hobbes entende por demonstração ou prova em filosofia e 2º) como se analisam os conceitos hobbesianos de ser humano, de razão, de condição natural e de *commonwealth*.

A primeira parte tentará expor sistematicamente essas noções e, ao mesmo tempo, mostrar ambulando suas articulações demonstrativas em Hobbes, (Mas convém assinalar desde agora que o resultado do argumento hobbesiano é puramente prudencial ou comparativo. Não se trata de justificar incondicionalmente a autoridade, mas de fundar na razão uma preferência. Nós estamos bem distantes de uma "razão prática" do estado... tanto quanto da filosofia do direito de Hegel).

Na segunda parte, poderemos expor em resumo a teoria hobbesiana da autoridade. Esta teoria aparecerá como o cerne da filosofia política de Hobbes, e isso em um duplo sentido. Primeiro porque o procedimento de geração da autoridade – uma vez demonstrada a proposição indicada – é absolutamente necessário. Em segundo lugar, porque esse modo de engendramento da autoridade é o único capaz de nos fazer compreender de uma única vez a origem e a legitimidade do Estado. Trata-se portanto de provar ao mesmo tempo as condições necessárias e suficientes do poder político. É indispensável assinalar desde agora que esta leitura do *Leviathan* exige que distingamos cuidadosamente os resultados sistemáticos de Hobbes, de um lado, e as aplicações históricas e circunstancias que o autor fez a partir deles, de outro. Talvez não seja inútil lembrar que a monarquia é, na opinião do autor, "o governo mais conveniente", mas que ele mesmo confessa não o ter demonstrado[1]. Esta diferenciação gera uma outra, a saber: o *Leviathan* enquanto tratado histórico, que é a expressão de seu tempo e lugar e, de outra parte, a obra fi-

---

[1] *De cive*, Prefácio, p. 104.

losófica cuja pretensão é o verdadeiro. É bem evidente que esta diferença não implica a separação do que é distinto. Ela é somente uma regra de disciplina do pensamento, da interpretação e da crítica.

Por outro lado, as conclusões do trabalho não têm nenhuma pretensão à originalidade. De fato, os resultados a que ele chega são bem conhecidos de todo mundo. A questão aqui é a de captar com exatidão e clareza seu conteúdo e seu sentido. O que significa uma tese ou uma conclusão filosóficas é inseparável do percurso de sua demonstração. Para um filósofo apaixonado pela geometria como Hobbes, uma afirmação vale o que vale sua prova. Não se aprende filosofia percebendo que algumas teses são verdadeiras. Só se pode aprendê-la aprendendo a demonstrar certas proposições. Exatamente como em matemática. (O que não quer dizer, é evidente, que as proposições e provas em filosofia e em matemática sejam de mesma natureza).

Assim, portanto, os seres humanos enquanto finitos guardam sua identidade ou individualidade por um período de tempo limitado mantendo uma articulação mais ou menos constante de suas partes. Esta conservação não resulta absolutamente de uma escolha ou de uma decisão, mas ela se põe de modo natural e necessário para todas as coisas na natureza. Outras coisas particulares, cuja estrutura é menos complexa que a dos seres humanos, suportam menos alterações. Desta maneira, elas possuem uma menor individualidade, enquanto coisas distintas. Sua coesão, quer dizer, sua identidade, pode se fragmentar por meio de um conjunto comparativamente menor de causas exteriores.

Eis o ponto de partida do pensamento hobbesiano: ele nos situa imediatamente em plena "filosofia primeira". Poderíamos chamá-lo a definição ou o axioma da finitude. (É Hobbes mesmo que diz no capítulo VII do *Leviathan*, "toda ciência deve começar com definições no sentido aristotélico, pois uma definição não somente deve exprimir o fato, mas também mostrar a causa"[2]. E aí está a razão pela qual a política, a ética e a geometria são demonstráveis *a priori*. No *Leviathan*, Hobbes formula-o através do princípio de inércia de Galileu: todo ser finito persevera em seu estado de movimento[3]. Ora, sendo dado que "a vida é somente um movimento" (Introdução), o ser vivo busca necessariamente a preservação do movimento que o constitui, a vida.

Quando o aplicamos aos seres humanos – e esta é uma precisão capital, da qual depende em parte a argumentação hobbesiana – o axioma diz que este movimento de autopreservação mostra-se imediatamente como *intencional*, pois o movimento vital é, para os animais, movimento voluntário. (Como se verá adiante, é sobre este traço intencional que repousa a prova de Hobbes).

O conceito mediador fundamental, que permite conectar o conteúdo do axioma aos homens, é introduzido pelo movimento voluntário e pela função da razão. Pois é justamente a razão que constitui a intencionalidade do movimento humano. Nos limites deste trabalho, importa somente reter a concepção da razão como *cálculo*, como estimativa das consequências da ação em relação a um fim *dado*. É isso que o filósofo chama de *"trayn of regulated thought"*, o pensamento que é "regulado por algum desejo e algum desígnio"[4].

O passo seguinte do argumento consiste, então, em demonstrar a igualdade natural dos seres humanos[5]. É no *De Cive* que Hobbes deduz mais claramente a igualdade natural, a partir de uma igual capacidade de matar. Eis a prova: "São

---

[2] *De anima.*

[3] *Leviathan*, capítulo II.

[4] *Ibidem*, capítulo III.

[5] *Ibidem*, capítulo XIII.

TEMPO, VERDADE E AÇÃO

149

iguais os que podem fazer coisas iguais uns em relação aos outros. Ora, aqueles que podem fazer as maiores coisas, a saber, matar, podem fazer coisas iguais. (Todo homem pode matar outro homem.) Portanto, todos os homens são iguais por natureza"[6]. Decisivo observar aqui que a dedução se apoia sobre premissas empíricas. O argumento não supõe (porque não há necessidade de supô-lo) que os homens sejam materialmente iguais. É suficiente admitir a possibilidade da igualdade (e esta admissão é logicamente requerida por um operador do tipo: "até onde podemos saber" ou "até onde é razoável supor") para que se torne, do ponto de vista da razão prudencial, necessário afirmar a necessidade da igualdade. Como se vê, as modalidades engajadas aqui são exclusivamente *de dicto*.

Então, uma vez definido o ser humano como um mecanismo finito calculante (quer dizer, racional) e desejante (e, bem entendido, desejante porque finito, o que deriva do próprio conceito de esforço e desejo em Hobbes[7]), o autor introduz definições de poder[8] e de direito[9], dois momentos essenciais na dedução do contrato e da instituição da soberania.

"O poder de um homem" – escreve Hobbes[10] – consiste em seus meios presentes de obter algum bem aparente futuro". A estrutura lógica desta frase é bastante complexa, considerando que sua primeira parte é puramente extensional ou *de re*, ao passo que a segunda é expressamente intencional (es-

---

[6] *De cive* I, capítulo III.

[7] *Leviathan*, capítulo VI.

[8] *Ibidem*, capítulo X.

[9] *Ibidem*, capítulo XIV.

[10] *Ibidem*, capítulo X.

tando este último traço assinalado, justamente, pelo adjetivo *aparente*. Isto é, aliás, o que o próprio Hobbes diz).

A concepção hobbesiana de poder encontra seu acabamento na análise da noção de bem, que se encontra no capítulo VI do *Leviathan*. Aí, o autor define formalmente o bem como o objeto do apetite ou do desejo de um homem, e ele o define materialmente como um objeto que é julgado capaz de promover o movimento vital. Vê-se que o bem é um "obscuro (ou antes, um opaco) objeto do desejo", pois ele é sempre *bonum apparens*. São Tomás pode aqui nos ajudar a comentar Hobbes:

> *Omnis autem appetitus non est aliud quam inclinatio appetentis in aliquid. Nihil autem inclinatur nisi in aliquid simile et conveniens* [...] *Bonum est quod omnia appetunt.* [*Omnia bonum appetunt* – Aristóteles][...] *id in quod* tendit appetitus animalis *vel* voluntas, *est bonum* apprehensum. *Ad hoc igitur quod voluntas in aliquid tendat, non requisitur quod sid bonum in rei veritate sed quod apprelundatur in ratione boni. Et propter hoc philosophus dicit quod finis est bonum, vel apparens bonum.*[11]

A consequência desses conceitos é que, em razão do axioma da finitude, o homem busca sempre sua preservação

---

[11] *Suma teológica*, 1a e 2a, questão 8, 12: "Todo apetite não é senão do que é bom. E a razão disto é que o apetite não é outra coisa que a inclinação daquele que tem o apetite para alguma coisa. Ora, nada se inclina ou tende senão em direção a alguma coisa que lhe convém. [...] O bom é isso em direção a que todos os seres tendem [...]. Mas isso em direção a que tende o *apetite animal* ou *vontade* é o bom *enquantoapreendido*. Pois, para que a vontade tenda em direção a alguma coisa, não é necessário que isto seja bom segundo a verdade da coisa, mas somente que isto seja apreendido como bom. E é por isso que o filósofo diz que o fim é o bem ou o bem aparente." *NE: Grifos do autor.*

TEMPO, VERDADE E AÇÃO

e sua segurança na maior medida possível. Eis porque ele procurará *"power after power"* enquanto subsistir seu movimento vital.

Mas de onde vem então o estado de natureza, quer dizer, a condição de guerra? Sobre este ponto, as manobras analíticas são particularmente delicadas, pois é essencial evitar (coisa que não é frequente na literatura) a inserção de elementos conceituais ou de teses totalmente estranhas ao argumento de Hobbes. Seria o caso, por exemplo, da suposição de uma situação de escassez dos bens no sentido material ou então da suposição segundo a qual "alguns desejos são ilimitados"[12]. Na verdade, a argumentação de Hobbes é, ao mesmo tempo, bem mais profunda e mais refinada. Seu ponto de partida, relembre-mo-lo, é intencional: trata-se de determinar o que é prudente do ponto de vista do que se faz (ou do que se crê). Ora, não é absolutamente necessário que a escassez seja dada: é suficiente admitir que seu contrário, a abundância sem limites, não pode ser pressuposto. Mais uma vez, é a finitude que dá apoio à explicação: nenhuma quantidade finita de poder (quer dizer, daquela que não se tem nenhuma razão de crer ser infinita) poderá alguma vez assegurar o sucesso na atividade de autopreservação.

Entretanto, esta busca do poder não é necessariamente competitiva. Confrontando com o forças naturais, um ser solitário tentará aumentar seu poder em relação a elas, mas ele não estará em competição com elas. O homem, pelo contrário, não está só: ele vive sempre confrontando com outros homens. Mesmo uma tal situação, porém, não é necessariamente competitiva, pois é perfeitamente concebível que os

---

[12] C. B. Macpherson (1962). *The political theory of possessive individualism: Hobbes to Locke*. Clarendon Press, p. 35 e 36.

poderes dos diferentes homens oponham-se apenas ao poder natural, e não entre eles. Eis portanto a questão: por que a busca do poder é necessariamente competitiva? Devemos supor, como faz Macpherson[13], que Hobbes é obrigado a evocar neste ponto um "postulado suplementar" segundo o qual o poder de cada um resiste aos efeitos do poder dos outros e que este postulado é apenas uma "generalização a partir da observação"? (Neste caso, conclui Macpherson, o estabelecimento teórico da condição natural fora obtido a partir de uma generalização empírica a respeito do homem *já* em sociedade!)

Mas não é nada disso. Repita-mo-lo ainda uma vez: a resposta de Hobbes *não* supõe *demodo algum* que os homens estejam naturalmente em competição. Bem ao contrário, neste ponto da análise, é justamente isto a conclusão do argumento. A premissa hobbesiana crucial é ainda mais fraca do que pensa Macpherson: ela consiste apenas em admitir a simples possibilidade de oposição entre poderes. (Esta possibilidade, observemos uma vez mais, não é uma possibilidade puramente lógica, nem tampouco empírica ou *de re*. Se me permitem, trata-se de uma modalidade que eu gostaria de chamar possibilidade cognitivo-epistêmica) Em outros termos, é suficiente admitir a possibilidade de que o poder de um homem se oponha àquele de um outro para que se torne inevitavelmente competitiva a busca de *"power after power"*. Ora, a admissão desta possibilidade impõe-se racionalmente, quer dizer, do ponto de vista do cálculo das consequências. Efetivamente, se o poder de um outro pode (no sentido que acaba de ser determinado) opor-se ao meu, se ele pode fazer obstáculo a meus esforços para manter meu próprio movimento vital, então eu devo *racionalmente* tentar assegurar-me,

---

[13] C. B. Macpherson (1962), p. 34 e 35.

TEMPO, VERDADE E AÇÃO

aumentando meu poder em relação ao do outro. E o outro, igualmente, deve, por sua vez, fazer o mesmo, ou seja, fazer todos os esforços para assegurar-se, aumentando seu poder em relação ao meu. Ao contrário do que pensam certos intérpretes (dentre os quais Macpherson), a natureza diferencial do poder não configura, portanto, uma nova suposição cuja origem seria uma generalização observacional.

Consequentemente, é suficiente admitir a possibilidade de que os poderes dos homens entrem em oposição para serem obrigados a aceitar a *necessidade da possibilidade* do conflito e da competição.

Assim precisamente deduzida, eis o que constitui a "condição natural da sociedade"[14], a condição de guerra de "todo homem contra todo homem". Nesse contexto, é necessário compreender por "guerra", como o próprio Hobbes adverte, não a realidade empírica do conflito, mas "um período de tempo onde a vontade ou disposição de enfrentar-se em batalha é suficientemente reconhecida"[15]. Para resumir: as premissas estando dadas, a condição de guerra torna-se racionalmente necessária. Em outros termos,: o estado de guerra é racional.

Tal é, portanto, a dedução hobbesiana do estado de natureza e de guerra. Um corolário importante, de natureza reflexiva ou metateórica (se permitem o anacronismo), é a que a condição natural em Hobbes não é – e não pode ser – senão uma hipótese *lógica* e de modo algum histórica. Um segundo corolário reflexivo igualmente capital é que o estado de guerra é autocontraditório, pois é engendrado por um fim que ele mesmo anula. Temos aqui um paradoxo de superfí-

---

[14] *Leviathan*, capítulo XIII.

[15] *Ibidem*.

cie, onde a razão parece entrar em conflito consigo mesma. De um lado, acabamos de ver, é racional aumentar meu poder em relação ao do outro. De outro lado, daí resulta o estado de guerra onde, justamente, minhas chances de autopreservação e de segurança vêm a ser muito ameaçadas. Eis o "paradoxo da composição", que os economistas conhecem bem: aquilo que em um primeiro momento é bom para cada um, não pode sê-lo para todos. Portanto, em um segundo momento, não pode ser bom para cada um (distributivamente considerado).

Demos agora um passo a mais e definamos, com Hobbes, a noção de *direito de natureza*. Esta definição, nós a encontramos bem no início do Capítulo XIV do *Leviathan*:

> O direito de natureza é a liberdade que cada qual possui de usar como quiser seu próprio poder para a preservação de sua própria natureza (dito de outra forma, de sua própria vida) e, em consequência, de fazer tudo o que considerar, segundo seu julgamento e sua razão, como o meio melhor adaptado a este fim (isto é, a preservação da própria vida).

Agora, se acrescentarmos a esta definição de *direito* a de *condição natural* tal como acabamos de expô-la, segue-se por análise que, no estado natural de guerra, "todos os homens possuem um direito sobre todas as coisas e mesmo uns sobre os corpos dos outros"[16].

Como se vê em seguida, a definição de direito pressupõe explicitamente a de poder. O direito de natureza não é nada senão a ausência de obstáculos exteriores ao exercício de

---

[16] *Leviathan*, capítulo XIV.

TEMPO, VERDADE E AÇÃO

poder do qual alguém dispõe. Ora, estando dada a igualdade natural (anteriormente demonstrada), decorre ao mesmo tempo a igualdade absoluta dos direitos naturais. É portanto pela mesma razão que a igualdade natural e o direito natural dão necessariamente origem à condição de guerra.

Mas a introdução do conceito de *direito* é, entretanto, necessária, pois é ele que permitirá a confecção sistemática da noção de *contrato*. Hobbes define este como "a transmissão mútua de direito"[17]. É essa ideia que nos dá a condição necessária da possibilidade da negação do estado natural de guerra.

O contrato é, assim, a renúncia recíproca, que cada um efetua de sua parte, à liberdade de opor obstáculos ao exercício do direito de parte do outro. Ora, a transferência dos direitos é um ato voluntário. Visto que o objeto dos atos voluntários de um homem é sempre um bem aparente qualquer para ele, é analiticamente necessário que a transferência dos direitos – o contrato – tenha um bem por objeto. Este não pode ser senão a preservação da vida, como acabamos de ver.

Desta forma, o circuito da prova da necessidade racional do contrato é fechado. A única alternativa racional-prudencial à condição de guerra é sua negação pura e simples. Enquanto racional, o homem pode e deve procurar somente a preservação de sua própria vida. Uma vez demonstrada a igualdade natural de todos, é mais racional supor a possibilidade deste fim pela suspensão do estado de guerra que por sua manutenção. Consequentemente, é necessário – é um dever de razão –procurar a supressão da guerra. Dito de outra forma, é um dever de razão, por definição, procurar a paz. Ora, isto não é possível, todavia, senão pela renúncia ao

---

[17] *Leviathan*, capítulo XIV.

direito natural a tudo ou – e isto é equivalente, nós já o sabemos – pela renúncia ao poder.

Mas esse primeiro e fundamental preceito da razão – é bem assim que Hobbes o denomina – está ainda submetido, para sua efetivação, a uma condição analítica suplementar. O exame preliminar desta condição permitir-nos-á captar a natureza própria do contrato em Hobbes. Por outro lado, é somente na teoria hobbesiana da autoridade e da autorização[18] que poderemos encontrar a explicação plena e completa de uma tal condição e de suas consequências. (Digamo-lo de passagem, não é sem significação que o Capítulo XVI seja a conclusão da primeira parte da obra – Do homem – e a passagem à segunda parte – Da república.)

Mas qual é então a condição adicional da qual acabamos de falar? É muito simples: visto que a renúncia ao direito é um ato voluntário, ela tem necessariamente por fim (quer dizer, por definição), um bem para aquele que o executa. Em consequência, não devo renunciar a meu direito de natureza senão com a condição de que os outros façam o mesmo. Caso contrário, não há nenhuma razão para que eu o faça, ou ainda, fazê-lo seria irracional para mim. Tal é a razão pela qual o contrato é o único instrumento de negação do estado de natureza: é sua essencial reciprocidade.

É assim que o contrato, pela própria força da natureza intencional dos conceitos fundamentais de Hobbes, apresenta notáveis similitudes com a estrutura de um silogismo prático complexo. De fato, enquanto operador de negação da

---

[18] Tema do capítulo XIV do *Leviathan*.

TEMPO, VERDADE E AÇÃO

condição de guerra, a necessidade prudencial do contrato funda-se em duas razões: a saber

1º) é racional, para a preservação da vida, preferir a paz à guerra.
2º) é racional transferir meu direito a tudo apenas sob a condição de que os outros façam o mesmo.

Eis portanto concluída a dedução hobbesiana do contrato e, ao mesmo tempo, a determinação teórica de seu conteúdo. Se aceitarmos adaptar a terminologia quase aristotélica que Hobbes frequentemente emprega, poderíamos talvez dizer que a *matéria* do contrato é o poder (ou o direito de natureza) enquanto cada um a ele renuncia; que seu *autor* é cada um enquanto que racional; que sua *forma* é a reciprocidade da transferência do direito a tudo e, para terminar, que seu *fim* é a preservação da vida. Ao mesmo tempo, compreendemos o contrato enquanto ele é instituição da soberania, quer dizer, da autoridade ou poder comum.

Que me seja permitido, para concluir, fazer dois comentários muito breves. O primeiro tem por objetivo esclarecer a função lógica precisa da expressão 'sob a condição que os outros façam o mesmo', que figura acima, na segunda razão do contrato. A segunda observação concerne à forma do contrato, quer dizer, como e por que a transferência recíproca do direito *é* a instituição da soberania, ou ainda: como e por que tal transferência assim determinada é e só pode ser a autorização.

Quanto ao primeiro ponto, é suficiente sublinhar (mas isto já era antecipado quando assimilamos o argumento hobbesiano à estrutura de um silogismo prático complexo) que o conceito de *razão*, no contexto que nos interessa, opera simultaneamente como fundamento lógico e como motivo de ação, ou, mais precisamente, que o fundamento lógico *é*, aqui, motivo de ação.

Como já vimos, é um teorema do *Leviathan* que eu só devo renunciar a meu direito de natureza se os outros fizerem o mesmo. De outro modo, não há nenhuma razão para que eu o faça. Ora, isto quer dizer que eu tomo como razão (motivo) de minha renúncia que o outro faça a mesma coisa. Quer dizer, que a razão (motivo) da renúncia de parte do outro seja a de que eu faça o mesmo. Encontramos aqui, por conseguinte, uma imbricação bastante curiosa de "silogismos práticos" em que as premissas maiores dos dois argumentos são rigorosamente simétricas e especulares. A razão para que eu aceite transferir meu direito é que a razão pela qual o outro aceita transferir meu direito é simétrica à minha razão. E, é evidente, reciprocamente. Dito de outra forma: o fundamento da validade da proposição para mim é que ela seja tida por válida pelo outro, e inversamente.

Mas o que é, *fine finaliter*, a transferência recíproca dos direitos? Como ela se faz? (Quanto a isto, não é inútil lembrar que é somente o *Leviathan* que introduz sistematicamente a autorização *do* soberano, quer dizer, a própria instituição da soberania por um ato de autorização. É este tema, que está ausente dos *Elementos do direito* e do *De Cive*, que constitui o progresso teórico fundamental do *Leviathan*.)

Ora, como vimos, a transferência mútua dos direitos é, quando estruturada da maneira indicada, a instauração do Estado. Se tivermos em vista o tecido sistemático dos conceitos hobbesianos, saberemos então que esta transferência é analiticamente uma autorização, quer dizer, a instituição do autor-autoridade. Neste caso aparentemente único, o próprio ato de transferir é a criação do próprio sujeito a que se transfere. Neste domínio, autorizar é idêntico a criar o autor-autorizado. O autor-autoridade é, portanto, literalmente um artefato, uma ficção, quer dizer, uma entidade intencional.

Daí decorrem algumas consequências importantes que agora podemos compreender em seu sentido mais rigoroso:

1ª) O soberano enquanto autor-autorizado é ontologicamente *segundo* em relação aos autores. Deste ponto de vista ontológico, somente o homem é uma substância primeira enquanto ser originariamente "capaz de ação" (Leibniz)

2ª) Nós podemos dizer também que o soberano não é originariamente autônomo. Nesse sentido, sua própria soberania depende da autonomia primeira dos autores, a qual se exerce (em parte se aliena) no ato de criação. (Seria demasiado obsessivo aproximar este tema hobbesiano do procedimento kantiano em filosofia prática, em particular quanto às relações entre validade incondicional da lei moral e a autonomia do agente que dela é, justamente, a *ratio essendi*? Seja o que for desta delicada questão, é certo que é exatamente nestes dois grandes filósofos que encontramos, pela primeira vez, uma fundação puramente imanente e racional da moral e da política.)

3ª) É a coincidência completa e única de uma ação transitiva com seu objeto (pois ela literalmente cria seu correlato) o que permite a Hobbes dizer com todo o rigor[19] que a arte pela qual é criado um "homem artificial" imita a "Natureza" ("esta arte pela qual Deus produziu o homem e o governa"). Porém, além disso, sabemos agora que este "homem artificial" é realmente um "homem", pois ele é autor, quer dizer, "um ser capaz de ação".

---

[19] *Leviathan*, Introdução.

4ª) É também esta mesma coincidência que permite a Hobbes escrever[20] "que a política e a ética [...] podem ser demonstradas *a priori*; porque somos nós mesmos que fazemos os princípios – quer dizer, as causas da justiça (a saber, as leis e os contratos) – através dos quais se conhece o que são a *justiça* e a *equidade* e seus contrários, a *injustiça* e a *iniquidade*".

5ª) Por onde se vê também (para terminar) que a origem da *sociabilidade* coincide rigorosamente, em Hobbes, com a lógica do Estado.

Pode-se querer desafios ainda mais pesados para o pensamento político e moral atuais?

Tradução: Mário Oliveira Dornelles e Sônia Martins

---

[20] *De Homine*, capítulo X.

SOBRE O POSITIVISMO DE WITTGENSTEIN[*]

Tem sido motivo de escândalo para alguns intérpretes (ou hagiógrafos) do *Tractatus logico-philosophicus* que os membros do Círculo de Viena se tenham expressamente inspirado nesse livro pré-socrático para a construção das suas belicosas doutrinas. Como conciliar a austeridade espinosista do *Tractatus* com o ardor muçulmano ("Verificabiliza ou morre!") do positivismo lógico, tanto mais que "as duas filosofias são incompatíveis"[1]? O escândalo se torna heresia – anatematizada como tal – quando a teoria da linguagem do *Tractatus* é apresentada como matriz e fundamento desta *machine de guerre* que foi a verificabilidade empírica como critério da significação[2].

Ora, é bem verdade que não há indícios sólidos para procurar no *Tractatus* qualquer coisa como o verificacionismo vienense. O máximo que dele (aparentemente) se apro-

---

[*] Agradeço a Zeljko Lopariæ pelas discussões estimulantes e esclarecedoras.

[1] G. E. M. Anscombe (1967), p. 152

[2] Cf. V. Kraft (1969), p. 31 e n. 29 e R. Von Mises (1968), p. 114.

162 BALTHAZAR BARBOSA FILHO

xima é a afirmação de 4.024[NE]: "Compreender uma proposição significa (*heisst*) saber o que é o caso se ela for verdadeira", ou ainda 4.063:

> Para poder dizer: p é verdadeira (ou falsa), devo ter determinado em que circunstâncias chamo p verdadeira e, com isso, determino o sentido da proposição.

É difícil, porém, interpretar tais enunciados como máximas positivistas, pois eles não fazem nenhuma referência (direta ou indireta) à observação e, acima de tudo, porque a sua *posição* lógica no pensamento do *Tractatus nada* tem a ver com as teorias empiricistas da significação. Para Wittgenstein, tratava-se de sublinhar ao mesmo tempo a ligação necessária entre sentido e valor de verdade *e* a independência do sentido em relação à verdade (ou da compreensão em relação ao conhecimento): é essencial que se possa compreender uma proposição sem saber se ela é verdadeira (cf. 4024), i.e., "a proposição tem um sentido (*Sinn*) independente dos fatos" (4.061). Nas *Notes on Logic* de 1913, a passagem correspondente é: "As proposições têm um *sentido* que é independente da sua verdade ou falsidade" (*N*, p. 95). Além disso, é parte constitutiva da semântica do *Tractatus* que o sentido de uma proposição não pode depender da verdade de outra (2.0211); caso contrário, diz Wittgenstein, "seria impossível projetar uma imagem (*Bild*) do mundo" (2.0212) – vale dizer, seria impossível falar do mundo.

[NE]*As referências ao* Tractatus *são feitas citando apenas o aforismo correspondente. A lista de abreviações utilizada para as demais obras de Wittgenstein consta no final do artigo, assim como a referência completa da bibliografia. As traduções aqui presentes são todas de responsabilidade do autor.*

TEMPO, VERDADE E AÇÃO 163

A tese expressa em 2.0211 situa-se no desenvolvimento sistemático das relações entre sentido, valor de verdade e negação. O desdobramento rigoroso dessas conexões intuitivas e o endosso, por parte de Wittgenstein (cf. 3.24), da teoria das descrições de Russell (contra a noção obscura de pressuposição de Frege), levaram-no a essa tese.

> Verdadeiro e falso não são [– diz ele –] propriedades acidentais de uma proposição, tais que, quando ela tem significação (*meaning*) podemos dizer que ela também é verdadeira ou falsa; ao contrário, ter significação significa (*means*) ser verdadeira ou falsa: o ser verdadeira ou falsa constitui efetivamente a relação da proposição com a realidade, que é o que significamos dizendo que ela tem significação (*Sinn*). (*N*, p. 112)[3].

Com efeito, é ininteligível que alguém pretenda compreender uma proposição sem, contudo, saber o que seria, para ela, ser verdadeira. Definir o sentido de uma proposição é mostrar, *ao mesmo tempo*, em que consiste para ela ser verdadeira e ser falsa: "*p tem a mesma significação (Bedeutung) que ~ p*" (*N*, p. 94; cf. 4.0621; "Para que uma proposição possa ser verdadeira, ela deve também poder ser falsa" (*N*, p. 55)) . Em outros termos, dadas as nossas noções pré-analíticas de verdade e de falsidade, é impossível explicar separadamente o fato de uma proposição ser verdadeira e o fato de ela ser falsa. Para que uma proposição seja falsa, é necessário e suficiente que a sua negação seja verdadeira, i.e., determinar que uma proposição não é verdadeira *é* determinar que ela é falsa: a *única* condição que deve ser satisfeita para que uma proposi-

---

[3] A passagem se encontra nas *Notes dictated to G. E. Moore in Norway* em abril de 1914 (edição de 1961), p. 107-118.

164 BALTHAZAR BARBOSA FILHO

ção seja falsa é que ela não seja verdadeira[4]. "As proposições p e "$\sim p$" têm sentido $(Sinn)$[5] oposto, mas a elas corresponde uma e a mesma realidade" (4.0621).

Como se vê, as passagens em 4.024 e 4.063 fazem parte de uma teoria semântica cuja noção de base é a de condições de verdade, encontrando-se muito distantes de qualquer tentação empiricista.

Além disso, há boas razões positivas para pensar que o *Tractatus* pouco tem a ver com os interesses do empirismo lógico. Em primeiro lugar, não há praticamente nenhum sinal de preocupações *epistemológicas* na obra. Numa das duas únicas referências à *Erkenntnistheorie* que encontramos no *Tractatus*, Wittgenstein diz: "A psicologia não é mais aparentada à filosofia do que qualquer outra ciência natural. A teoria do conhecimento é a filosofia da psicologia" (4.1121). Essa passagem é esclarecida por uma carta que Wittgenstein endereça a Russell em agosto de 1919. A uma pergunta de Russell sobre os elementos constituintes de um *Gedanke* e sobre as relações desses elementos com os do fato pictografado (*pictured*), Wittgenstein responde: "Não sei "*o*" que são os constituintes de um pensamento, mas sei *que* ele deve ter os

---

[4] Cf., a esse respeito, R. M. White (1974) e G. E. M. Anscombe (1967), cap. 2.

[5] A expressão '*Sinn*' significa aqui 'direção', como em 3.144, onde Wittgenstein compara as proposições a flechas. "Os nomes são pontos, as proposições são flechas – elas têm sentido. O sentido de uma proposição é determinado pelos dois polos *verdadeiro* e *falso*. A forma de uma proposição é como uma linha reta que divide todos os pontos de um plano em direito e esquerdo. A linha faz isso automaticamente, a forma da proposição só por convenção" (*N*, p. 97).

TEMPO, VERDADE E AÇÃO

constituintes que correspondem às palavras da Linguagem. Além disso, o tipo de relação dos constituintes do pensamento e do fato pictografado é irrelevante. Descobri-lo seria uma questão de psicologia" (*LRKM*, p. 72). Anscombe comenta: "É razoável dizer que, na época em que escreveu o *Tractatus*, Wittgenstein acreditava que a epistemologia nada tinha a ver com as fundações da lógica e com a teoria da significação nas quais estava interessado"[6].

Ora, o uso que os positivistas faziam da verificabilidade estava nitidamente associado a um projeto *epistemológico*, de fundação do conhecimento, e, ainda que a arquitetônica semântica do *Tractatus* seja fundacionalista, é contestável que a teoria tenha pretensão ou alcance diretamente fundacional com respeito ao conhecimento. Wittgenstein, com efeito, não está interessado em, nem obrigado a (no âmbito do *Tractatus*) indicar efetivamente as proposições elementares que constituem a condição última de possibilidade do sentido. Basta-lhe ter demonstrado a necessidade transcendental dessas proposições, sua estrutura lógica (4.21-4.24), sua função (4.221), bem como a necessidade dos objetos (2.02-2.034) e dos nomes (3.201-3.23) em cuja concatenação elas consistem (4.22), sem que isso lhe imponha, na própria teoria, o compromisso de identificar a que, no campo da experiência, podem corresponder tais proposições. (Embora, como veremos adiante, esse desprezo por considerações epistemológicas esbarre em 3.263, segundo o qual as elucidações das significações (*Bedeutungen*) dos nomes dos objetos só podem ser compreendidas por quem já conhece (*kennen*) essas *Bedeutungen*.)

Claro, se tomarmos a expressão 'verificação' (*verum facere*) ao pé da letra, Wittgenstein era certamente verificacio-

---

[6] G. E. M. Anscombe (1967), p. 28.

166   BALTHAZAR BARBOSA FILHO

nista em sentido semântico, pois, justamente, "compreender uma proposição é saber o que é o caso se ela for verdadeira". Mas isso significa apenas que "quem enuncia uma proposição deve saber sob que condições chama a proposição de verdadeira ou falsa; se não é capaz de fazê-lo, então também não sabe o que disse" (*WWK*, p. 214). É absurdo, como já foi dito, pretender compreender uma proposição ignorando as suas condições de verdade. Mas:

> O que sabemos quando compreendemos uma proposição é isto: sabemos o que é o caso se ela for verdadeira e o que é o caso se ela for falsa. Mas não sabemos necessariamente se ela é de fato verdadeira ou falsa" (*N*, pp. 93-94).

Nisso consiste, para Wittgenstein, a relação interna entre o fato de uma proposição ter sentido e a sua essencial bipolaridade[7]. O postulado da bipolaridade, que jamais foi abandonado, é equivalente a afirmar que o que dá sentido a uma proposição deve ser independente do que a faz verdadeira. O saber implicado na compreensão é, portanto, meramente contrafactual e não efetivo: ao compreender *p*, não sabemos como as coisas de fato são, mas já sabemos como seriam *se p* fosse verdadeira.

Daí nada se segue, todavia, com respeito ao modo como devemos interpretar epistemologicamente uma propo-

---

[7] A inferência de Wittgenstein aqui é simples. Uma proposição só tem sentido se for capaz de ser verdadeira: "A proposição deve conter (e mostrá-lo) a possibilidade de sua verdade" (*N*, p. 16). Ora, "para que uma proposição possa ser verdadeira, ela deve também poder ser falsa" (*N*, p. 55). Logo, "toda proposição é essencialmente verdadeira-falsa" (*N*, p. 94).

TEMPO, VERDADE E AÇÃO

sição elementar nem a que possam ou devam corresponder, no conhecimento ou na experiência, os objetos simples do *Tractatus*. É abusivo, por conseguinte, afirmar, como Schlick[8], que a equação semântica do *Tractatus*: determinar o sentido de uma proposição = determinar suas condições de verdade "é o mesmo que enunciar o modo como ela pode ser verificada ou falsificada", quando isso implica em que "não há nenhuma maneira de compreender uma significação qualquer sem [...] referência à 'experiência'". Pode-se dizer, a esse respeito, que as observações de Wittgenstein sobre as proposições elementares no *Tractatus*, como exigência última de possibilidade do sentido, não compõem uma teoria da atribuição da significação, fixando, antes, um critério de adequação para qualquer teoria desse tipo. Assim, uma linguagem descritiva só tem sentido se e somente se as proposições que a sua sintaxe autoriza estiverem ligadas a proposições elementares (tais como o *Tractatus* as define) mediante o mecanismo das funções de verdade. Esse critério, porém, não informa nada sobre o modo de identificação das proposições elementares fundadoras, i.e., se seu conteúdo deve ou não, pode ou não, ser fornecido pela experiência. Em outras palavras, se considerarmos "verificabilidade" na acepção definida por 4.024, o máximo que podemos afirmar é que o *Tractatus* é verificacionista em sentido *semântico*[9].

---

[8] M. Schlick (1949), p. 147-148.

[9] A palavra 'semântico' refere-se aqui à teoria, que se encontra em Frege e Wittgenstein, segundo a qual o sentido de uma sentença é completamente determinado pelas suas condições de verdade. A ideia geral da teoria é que "as regras sintáticas e semânticas determinam, juntas, as significações de todas as sentenças de uma linguagem, fazendo isso, precisamente, por meio da determinação de suas condições de verdade" (P. F. Strawson, 1970, p. 11).

168 BALTHAZAR BARBOSA FILHO

Para resumir: 4.024 distingue, como vimos, a questão do sentido da questão da verdade, exibindo, simultaneamente, uma conexão positiva entre a determinação do sentido e a determinação da verdade. Se eu sei o que é o caso se uma proposição for verdadeira exclusivamente pela sua forma lógica (cf. 4.021-4.022), isso implica em que a compreensão da forma lógica já contém um saber de como posso determinar se a proposição é verdadeira. Compreender uma proposição equivale, portanto, a conhecer o método lógico-linguístico de sua verificação possível, i.e., o método lógico-linguístico de estabelecer a sua verdade (4.05-4.06 e 4.063)[10]: "A proposição *mostra* seu sentido. A proposição *mostra* como as coisas são *se* ela for verdadeira. E ela *diz que* as coisas são assim" (4.022). Nessa acepção semântica restrita, pode-se sustentar, segundo o *Tractatus*, que 'o sentido de uma proposição é o método da sua verificação'. Por si só, entretanto, tal acepção nada aponta quanto ao método *extra*lógico e *extra*linguístico de verificação e, em particular, não diz nada sobre o papel da observação na determinação do sentido. Podemos, em princípio, 'saber o que é o caso se uma proposição for verdadeira' sem necessariamente sabê-lo através da experiência: isso requer demonstração independente. Não há filosofia da experiência no *Tractatus*, ainda que lá se encontre uma 'metafísica da experiência', i.e., uma análise transcendental das condições de possibilidade da linguagem da experiência.

* * *

Apesar disso tudo, no entanto, no período de transição entre o *Tractatus* e as *Philosophische Untersuchungen*,

---

[10] É nessa direção, ao que parece, que Apel menciona a necessidade de uma derivação "substantiva e positiva" do positivismo lógico a partir do *Tractatus*.

TEMPO, VERDADE E AÇÃO   169

Wittgenstein foi certamente um verificacionista de estrita observância e – *horribile dictu*!– um fenomenalista. Seu critério de significação, nessa época, é dado pela verificabilidade conclusiva (*PB*, §228) em termos de proposições elementares *interpretadas* como proposições fenomenais, bastante semelhantes aos 'enunciados protocolares' ou 'enunciados básicos' como Schlick[11] os entendia. Aliás, a 'linguagem primária' ou 'fenomenológica' que Wittgenstein menciona então com frequência parece autorizar a afirmação atrevida de Ayer, no prefácio à primeira edição (1936) de seu *Language, Truth and Logic,* de que as doutrinas do autor do *Tractatus* são "o resultado lógico do empiricismo de Berkeley e David Hume"[12].

Essas posições estão inequivocamente documentadas nas conversações que Wittgenstein manteve, de 1927 a 1932, com alguns membros do Círculo de Viena (e cujo registro publicado vai de 1929 a 1932), nas *Philosophische Bemerkungen*, livro que compôs, segundo seu original método de composição, a partir de notas manuscritas entre fevereiro de 1929 e abril de 1930 (o texto datilografado foi entregue a Moore ainda em 1930), e nas anotações de Moore, que frequentou as aulas que Wittgenstein proferiu em Cambridge de 1930 a 1933[13].

---

[11] M. Schlick (1959).

[12] A. J. Ayer (1967), p. 31.

[13] Wisdom, é verdade, reporta (1965, p. 86) que Wittgenstein recomendava o *slogan* célebre: "*Don't ask for the meaning, ask for the use*" como um suplemento ao *cri de guerre*: "A significação de um enunciado é o método de sua verificação", mas não registra, infelizmente, a data exata da recomendação. É evidente, no entanto, que ela foi feita num período em que Wittgenstein já abandonara por completo as teorias do *Tractatus*. De outra parte, dois alunos de Wittgenstein informam

De onde, então, os laços professados do positivismo lógico com o *Tractatus* e do próprio Wittgenstein com a sua juventude? Trata-se, finalmente, de mais um equívoco histórico de interpretação e de autocompreensão? Erros de leitura e amnésia infantil?

* *

O propósito destas notas é apontar algumas lacunas do *Tractatus* que Wittgenstein procurou preencher na sua fase positivista: a que dificuldades na primeira obra esse interlúdio pretendeu responder? A ideia condutora aqui adotada é a seguinte: embora não exista nenhuma implicação do *Tractatus* ao verificacionismo, há tensões no livro cuja solução, na época, era *natural* tentar mediante recurso a considerações epistemológicas de inspiração empiricista. As ideias expostas nos escritos de 29 a 32, embora introduzam correções e modificações profundas nas teorias do *Tractatus*, ainda se apresentam como respostas e desenvolvimentos de problemas tractarianos, ainda são pensadas nos quadros de pensamentos aí definidos.

Não foi miopia ou engano, portanto, a influência do *Tractatus* sobre o Círculo de Viena nem a personalidade filo-

---

(In:K. T.Fann, 1967, p. 54) que ele jamais teria pretendido, em 1927-1932, que as suas sugestões acerca da verificação fossem tomadas como uma *teoria* sobre a significação, que elas não passavam, ao contrário, de um meio, *entre vários outros possíveis*, de obter esclarecimentos sobre o uso de uma palavra ou de uma sentença. (Na realidade, essa qualificação se encontra no §353 das *Philosophische Untersuchungen*). A mesma observação é corroborada por Moore (1959, p. 266), o qual deixa bem claro, todavia, que tais reservas sobre o princípio da verificação só foram feitas em 1933, quando já se consumara a ruptura com o *Tractatus*. Não há, portanto, base para acreditar que Wittgenstein, mesmo entre 1929 e 1932, não tenha sido um verificacionista estrito.

TEMPO, VERDADE E AÇÃO

sófica de Wittgenstein padeceu de uma cisão esquizofrênica em 1927-32. Os positivistas leram o *Tractatus* em função dos seus interesses epistemológicos, como o próprio Wittgenstein também o fez em função de interesses análogos. E foi bem o *Tractatus* que leram e não um livro que alucinaram.

Os problemas que tenciono sugerir estão ligados às notórias dificuldades de interpretação do conceito de proposição elementar. Como indiquei acima, a semântica transcendental do *Tractatus* exige apenas a 'dedução' das proposições elementares como condição de possibilidade do sentido: não é necessário, para seus fins, apontar os seus eventuais correlatos na linguagem ordinária ou científica. Ora, essas proposições e os estados de coisas a elas correspondentes são necessários, em particular, como base de inteligibilidade de todas as proposições significantes (cf. 4.2211). Por conseguinte, visto que a linguagem corrente está em perfeita ordem lógica (5.5563), assim como a linguagem científica (4.11 e 6.53), segue-se que as proposições que as compõem são (a) ou proposições elementares ou (b) funções de verdade de proposições elementares. Assim, para compreender as proposições de uma e de outra, é necessário compreender as proposições elementares que as fundamentam (4.411; cf. 4.221 e 5.5562). É natural, por conseguinte, tentar identificar, sob os requisitos fixados pelo *Tractatus*, as proposições elementares pressupostas na linguagem quotidiana e na linguagem da ciência.

* * *

Um obstáculo à interpretação epistemológica do *Tractatus* – do qual Wittgenstein tinha clara consciência – se encontra na leitura conjugada das passagens 5.134 e 6.3751. A primeira, derivada de 4.21 e 2.062, enuncia a independência lógica das proposições elementares (cf., e.g., 2.061, 4.211

172 BALTHAZAR BARBOSA FILHO

e 4.27), consequência essencial da teoria do sentido do *Tractatus*. O outro fragmento – 6.3751 – indica, por implicação, a impossibilidade de identificar os objetos simples a um célebre candidato empiricista, a saber, os conteúdos imediatos da experiência, em particular as cores.

Nessa segunda passagem, Wittgenstein afirma que a conjunção de dois enunciados do tipo 'Isto é vermelho' e 'Isto é azul' – supondo-se que o demonstrativo 'isto' tem a mesma referência nos dois casos, *viz.*, denota o mesmo ponto no campo visual – é uma contradição. Ora, dado que o produto lógico de duas proposições elementares não pode ser uma contradição, segue-se que os conjuntos da conjunção acima não são proposições elementares. Por conseguinte, as cores não podem ser objetos segundo o *Tractatus*, já que elas possuem complexidade lógica, não sendo, portanto, simples (2.02). Isso tem como consequência, aponta Ramsey, "que os conceitos aparentemente simples: vermelho, azul, são, na realidade, complexos e formalmente incompatíveis".[14]

Dessa maneira, 6.3751 traça, em negativo, um duplo programa para uma epistemologia apoiada no *Tractatus*: (1) como *analisar* enunciados do tipo 'Isto é vermelho', segundo os requisitos tractarianos de análise e (2) como *interpretar* a semântica atomista, visto que, de acordo com 6.3751, 'vermelho' não é um signo simples nem primitivo, devendo, portanto, ser definido.

No *Tractatus*, (a) a distinção entre o analítico e o sintético se exprime exaustivamente por meio das tabelas de verdade e (b) existem necessariamente signos simples primitivos (3.144-3.261). Ora, essas duas teses centrais só são compatíveis com os enunciados de cor mencionados em 6.3751 se

---

[14] F. P. Ramsey (1965), p. 280.

TEMPO, VERDADE E AÇÃO

negarmos que 'vermelho' e 'azul' (p. ex.) sejam nomes, i.e., signos simples primitivos. Caso contrário, as proposições 'Isto é vermelho' e 'Isto é azul' seriam elementares. Portanto, dizer que o produto lógico das duas é contraditório equivale a dizer que a conjunção de duas proposições elementares é uma contradição, o que é incompatível com a tese (a)[15].

Wittgenstein, de resto, percebeu esse ponto, pois 6.3751 figura como comentário a 6.375: "Assim como só há uma necessidade *lógica*, assim também só há uma impossibilidade *lógica*". 6.375 implica, então, na possibilidade necessária de definir as palavras que designam cores. Do contrário, os enunciados em que elas aparecem seriam desprovidos de sentido. Com efeito, tais palavras não são nomes na acepção técnica do *Tractatus* (3.202, 4.22-4.221), pois esses só ocorrem em proposições elementares (4.23). Além disso, somente os nomes são indefiníveis, porque só eles possuem autonomamente significação (*Bedeutung*) (3.261). As expressões de cor, consequentemente, são necessariamente definíveis, pois todo signo não simples é definível, só tendo significação mediante os signos pelos quais ele é definido (cf. 3.261). A alternativa que 6.3751 deixa aberta é, portanto, analisar as expressões de cor de modo a chegar aos objetos simples de que elas indiretamente tratam ou, então, abandonar a teoria da necessidade lógica tal como ela se exprime em 5.525, o que acarreta alterações fundamentais na estrutura do *Tractatus*.

No artigo *Some Remarks on Logical Form* de 1929, Wittgenstein renuncia à tese da definibilidade das expressões de cor, introduzindo, ao lado da impossibilidade definida no *Tractatus*, a noção artificial de exclusão: enunciados inanalisáveis, i.e., "proposições atômicas" (no novo vocabulário,

---

[15] Cf., a esse respeito, a exposição precisa de Allaire (1966), p. 190.

174 BALTHAZAR BARBOSA FILHO

emprestado a Russell), "embora não possam se contradizer, podem excluir umas às outras" (*RLF*, p. 35). (Cf. *PB*,§80).

Uma nuança de cor não pode possuir simultaneamente dois graus diferentes de brilho ou de vermelhidão, um tom não pode ter duas intensidades diferentes, etc. E o ponto importante aqui é que essas observações não exprimem uma experiência, mas são, em certo sentido, tautologias. Todos nós sabemos disso na vida ordinária. (*RLF*, p. 34)

Há, então, um problema a resolver: "Como essa exclusão se representa no simbolismo?" (*RLF*, p. 36). A resposta de Wittgenstein, no repudiado[16] artigo de 1929, consistirá em afirmar que as conjunções em questão são sintaticamente mal formadas e que a sua expressão simbólica no *Tractatus* é incompleta.

A solução é obviamente onerosa. Em primeiro lugar, temos agora o caso monstruoso em que, dadas duas proposições, uma das quais é a negação da outra, uma é bem formada e a outra é mal formada. A negação das conjunções problemáticas, com efeito, é bem formada: como qualquer tautologia, ela é *sinnlos* (4.461), mas não *unsinnig*. Em segundo lugar – e é mais grave – existem, aparentemente, relações lógicas que "não funcionam com o auxílio das funções de verdade" (cf. *PB*, §76 e *RLF*, pp. 34-35). Em terceiro lugar, as regras do *Tractatus* para os conectivos lógicos são incompletas, devendo ser adaptadas a certos tipos de proposições atômicas (*RLF*, p. 37), o que acarreta, por sua vez, três consequências:

---

[16] Anscombe, em nota a "Some remarks on logical form", diz que Wittgenstein rejeitou esse artigo como "*quite worthless*", "*weak and uncharacteristic*" (*NFL*, p. 31, n.).

TEMPO, VERDADE E AÇÃO

(1) as regras da sintaxe lógica deverão ser completadas *a posteriori*, não podendo "ser formuladas até que tenhamos efetivamente atingido a análise última dos fenômenos" (*RFL*, p. 37; cf. p. 32), e isso desintegra o caráter *a priori* da sintaxe;

(2) essas regras, por outro lado, não mais são *universais*, pois devem ser agora especificadas segundo os diferentes tipos de proposição e,

(3) finalmente, os signos lógicos deixam de ser *unívocos*, já que a conjunção (p. ex.) tem, no caso dos enunciados que atribuem graus a qualidades, um sentido diverso do que possui para outras proposições, uma vez que a tabela de verdade que a define passa a ser diferente para os diferentes casos[17].

Embora jamais retorne às concepções teratológicas desse texto, Wittgenstein não abandonará, durante o período que

---

[17] Sem dúvida, Wittgenstein afirmava no *Tractatus* que o problema das formas possíveis de todas as proposições elementares não é uma questão que pertença à lógica, suscetível, portanto, de ser decidida *a priori*. "As proposições elementares consistem de nomes. Visto, porém, que não podemos dar o número de nomes com diferentes significações (*Bedeutungen*), também não podemos dar a composição das proposições elementares" (5.55). Por outro lado, contudo, o caráter dessas formas não pode ser uma questão meramente contingente, a ser decidida por recurso à experiência: "se nos encontramos na situação de dever responder a um problema como esse através da observação (*durch Ansehen*) do mundo, isso mostra que estamos em pistas basicamente falsas" (5.551). É importante assinalar que, nas "Some remarks on logical form" e em *Ludwig Wittgenstein und der Wiener Kreis*, Wittgenstein enveredou por esses absurdos caminhos, pois afirma, nos dois escritos, que o conhecimento da forma das proposições elementares depende de uma análise lógica dos fenômenos a ser realizada *a posteriori* (*RLF*, p. 32 e *WWK*, p. 42).

está sendo examinado, a ideia de que é "a tarefa da teoria do conhecimento descobrir" as proposições atômicas que "são os núcleos de toda e qualquer proposição", pois só "*elas* contêm o material, e todo o resto é apenas um desenvolvimento desse material" (*RLF*, p. 32).

Nas *Philosophische Bemerkungen*, Wittgenstein rejeita a primeira aberração, reconhecendo expressamente que os enunciados de cor são bem formados:

> Ninguém pode duvidar de que todos [os enunciados do tipo: duas cores não podem estar ao mesmo tempo no mesmo lugar] são obviedades (*Selbstverständlichkeiten*) e de que os enunciados opostos são contradições (*PB*, §81).

De outra parte, passando a considerar o sentido não mais em termos de proposições logicamente independentes, mas a partir da ideia de um *sistema* proposicional (*PB*, §§14, 82, *et passim*) – noção intermediária entre as proposições atômicas do *Tractatus* e o jogo-de-linguagem das *Philosophische Untersuchungen* – e substituindo o conceito de sintaxe lógica pelo mais amplo de gramática, Wittgenstein pretendeu contornar as outras dificuldades. É evidente que essas mudanças produziram uma primeira ruptura com o atomismo lógico, pois esses sistemas proposicionais não mais são exaustivamente definidos pelas funções de verdade. Não obstante, ele ainda os pensa no quadro teórico do *Tractatus*, pois eles não lhe parecem incompatíveis – ao contrário – com o caráter pictográfico (*Bildhaftigkeit*) da linguagem (cf. *PB*, §§43-45 e 82): as alterações são ainda entendidas como *correções tópicas* do *Tractatus*.

O que mais importa assinalar aqui, todavia, é que o problema da incompatibilidade das cores obrigou Wittgenstein a introduzir declaradamente a ideia das relações lógicas entre as

TEMPO, VERDADE E AÇÃO

proposições que escapam às funções de verdade (*PB*, §76), i.e., de que há inferências que não repousam sobre a forma da tautologia (*WWK*, p. 64).

> A vinculação das proposições de uma função de verdade constitui apenas uma parte da sintaxe. As regras que estabeleci naquela época [*viz.* do *Tractatus*] ficam agora restringidas [...] São permitidas todas as funções de verdade que não são proibidas por essas novas regras. (*WWK*, p. 80)

Ora, a noção de verificabilidade – "Uma proposição não verificável não tem sentido" (*WWK*, p. 245) – fornecerá, justamente, um tipo de relação *a priori* entre proposições que não se reduz a funções de verdade. Ela se apresentará também como especificação do caráter determinado (*Bestimmtheit*) do sentido (cf. 3.23-3.24 e 3.251-3.263): "A exigência da verificabilidade é a exigência de que todos os símbolos sejam definidos e de que nós compreendamos a significação (*Bedeutung*) dos símbolos indefinidos" (*WWK*, p. 221). Examinemos isso mais de perto.

Em 1930, Wittgenstein traça uma distinção, que exercerá enorme influência nos positivistas, especialmente em Schlick e Waismann, entre "enunciados" e "hipóteses" (*WWK*, p. 99 e *M*, p. 261), designando, segundo Moore (*M*, p. 262), a ambos os tipos pela expressão 'proposições de experiência'. O que os distingue do terceiro tipo (as proposições matemáticas) é que a regra da verificabilidade empírica se aplica a ambos, embora de maneira essencialmente diferente nos dois casos (*PB*, §225).

O princípio de verificabilidade empírica das proposições funciona conforme um mecanismo análogo ao do princípio da significação no *Tractatus*. Uma proposição, com efeito, é verificável mediante outras. Assim como, no *Tractatus*, o

178 BALTHAZAR BARBOSA FILHO

sentido das proposições complexas deriva, através das funções de verdade, do sentido das proposições elementares, agora a verificabilidade das hipóteses deriva da verificabilidade das proposições fenomenológicas (*PB*, §28), as "proposições genuínas" (*WWK*, p. 159), as quais são definitivamente verificadas pelos fenômenos ou experiência primária: "Se não posso mais, para a verificação de uma proposição, recorrer a outra, é sinal de que a proposição é elementar" (*WWK*, p. 249). Torna-se necessário, portanto, que as proposições genuínas sejam imediata e exaustivamente verificáveis, pois "o caminho da verificação não pode ir ao infinito. (Uma "verificação infinita" não mais seria verificação.)" (*WWK*, p. 247). São essas proposições, por conseguinte, que asseguram a verificabilidade das demais: nossas proposições só têm sentido (só são verificáveis) porque existem proposições elementares que descrevem imediatamente os fenômenos, *die Erlebnisse* (cf. *WWK*, pp. 248-249 e *PB*, §§225-226).

De outra parte, a relação existente entre a hipótese e as proposições fenomenológicas que a ela se ligam pelo vínculo da verificação é de natureza semântica e não meramente empírica:

> O que o dado imediato é para uma proposição da linguagem habitual que ele verifica, o é a relação aritmética de estrutura, tal como ela é vista, para a equação que a verifica. [...] A verificação não é *um* indício da verdade, mas *o* sentido da proposição. (*PB*, §166).

No entanto, embora gramatical e, por isso, necessária, a relação entre enunciados fenomenológicos e hipóteses não é redutível a funções de verdade: por oposição àqueles, "uma hipótese não pode ser verificada de maneira definitiva" (*PB*, §§226 e 228). Mas, do fato de a relação entre hipótese e realidade ser mais frouxa do que a verificação (*PB*, §227), de que

TEMPO, VERDADE E AÇÃO

"uma hipótese mantém com a realidade uma relação formal outra que a verificação" (*PB*, §228), *não* se segue que os laços entre a hipótese e as proposições genuínas sejam simplesmente indutivos, pois é essencial ao sentido da hipótese que ela admita a possibilidade da verificação, i.e., que ela se vincule à experiência imediata. "A proposição, a hipótese, está acoplada à realidade, e de maneira mais ou menos frouxa. No caso extremo, não existe mais nenhuma ligação, a realidade pode fazer o que quiser sem entrar em conflito com a proposição: então, a proposição, a hipótese, não tem sentido (*ist sinnlos*)!" (*PB*, §225).

Essa relação mais fraca que há entre hipótese e o mundo é especificada pela confirmação, a qual só é possível, todavia, se, em algum ponto da linguagem, existirem proposições completamente verificáveis. Nem tudo o que confirma uma hipótese, contudo, é parte da sua significação (cf. *PB*, §153). Uma notícia de jornal, por exemplo, poderia confirmar o fato de que Cambridge venceu uma regata, mas ela não constitui parte da significação da hipótese: 'Cambridge venceu a regata' (*M*, p. 266). "A verificação só determina a significação de uma proposição quando ela dá a gramática da proposição em questão" (*M*, p. 266). Com efeito, a relação entre 'A calçada ficou molhada' e 'Choveu' é indutiva e não *a priori*: é algo que só podemos descobrir pela experiência. 'Quando chove, a calçada fica molhada' não é um enunciado gramatical. Por outro lado, dizer: 'O fato de a calçada estar molhada é um *sintoma* de que choveu' – esse enunciado é "uma questão de gramática", é algo que nós fixamos e não que descobrimos. A evidência não implica necessariamente aquilo de que ela é evidência; mas o fato de ser um sintoma – de ser evidência de – é uma questão *a priori* (*M*, p. 266). Basta, portanto, "para que as nossas proposições (sobre a realidade) tenham sentido, que as nossas experiências, *em algum sentido*, concordem ou não concordem com elas. Isto é, a experiência imediata deve confirmar apenas alguma coisa nelas, uma faceta" (*PB*, §225). (Os signos da física, p. ex., têm significação (*Bedeutung*) na medida em que – e somente na medida em que – o fenômeno imediatamente observado lhes corresponde ou não (*PB*, §225).)

Desse modo, na sua versão fenomenológica, as proposições elementares continuam desempenhando uma função análoga à que possuíam no *Tractatus*: dar sentido a todas as demais proposições. "Uma proposição pode remeter a outras, essas ainda a outras e assim por diante, mas é necessário, finalmente, que elas se reportem a proposições que não mais remetem a outras, mas diretamente à realidade" (*WWK*, pp. 247-248). Da mesma maneira, os dados dos sentidos e a experiência imediata foram introduzidos para assegurar a possibilidade de uma representação (*Darstellung*) não hipotética do mundo.

Já sabemos alguma coisa, então, sobre como o mundo severo do *Tractatus* se dá ao conhecimento e sobre como, afinal de contas, a linguagem projeta uma *Bild* da realidade: "o essencial é que os signos, ainda que de maneira mais complicada que se queira, se reportem finalmente à experiência imediata" (*PB*, §225).

As novas concepções se aplicam também a certas dificuldades encapsuladas nas observações lacônicas que o *Tractatus* faz sobre os enunciados científicos. Em 4.11, Wittgenstein diz: "A totalidade das proposições verdadeiras é toda a ciência natural (ou a totalidade das ciências naturais)". E, em 4.26: "A indicação (*Angabe*) de todas as proposições elementares descreve completamente o mundo. O mundo é completamente descrito através da indicação de todas as proposições elementares mais a indicação de quais são verdadeiras e quais são falsas". É sabido, de outra parte, que a análise das proposições deve conduzir a proposições elementares

TEMPO, VERDADE E AÇÃO 181

(4.221), já que "toda proposição é uma função de verdade das proposições elementares" (5). É trabalho epistemológico necessário, portanto, identificar essas proposições elementares sobre as quais repousa o sentido dos enunciados da ciência, pois, "através de todo o aparato lógico, as leis físicas ainda falam dos objetos do mundo" (6.3431). Mas, como elas o fazem?

O problema das cores evidenciou para Wittgenstein os obstáculos que a identificação epistemológica dos objetos apresenta para o atomismo do *Tractatus*. Ora, tanto a linguagem ordinária quanto a científica empregam nomes de objetos *hipotéticos*, cuja significação é dada por *descrições* desses mesmos objetos (*PB*, §§218 e 226). Consequentemente, proposições formadas por tais nomes não podem ser elementares. Ao contrário, os nomes de objetos fenomenológicos não são, esses, "*disguised descriptions*". Essas expressões são os *Urzeichen*, uma vez que as proposições que elas formam descrevem o conteúdo imediato da nossa experiência e que todas as outras proposições são apenas desenvolvimentos desse conteúdo (*WWK*, p. 254). É a análise, com efeito, que manifesta o modo como uma proposição se liga à realidade. Mas, essa ligação, justamente, é mediada pelos signos primitivos, pois "uma proposição só se vincula à realidade se for possível decompô-la até os signos primitivos: só então tem ela sentido" (*WWK*, p. 253). Assim, os enunciados científicos "ainda falam dos objetos do mundo" pelas proposições que descrevem os fenômenos, exatamente porque "o fenômeno não é sintoma de alguma outra coisa, ele é a realidade. O fenômeno não é sintoma de alguma outra coisa que, só ela, torna a proposição verdadeira ou falsa, mas é ele próprio o que a verifica" (*PB*, §225). Somente a linguagem fenomenológica "representa (*darstellt*) imediatamente a experiência imediata" (*PB*, §1), dando, portanto, uma representação não hipotética do mundo que garante que as representações hipotéticas possam falar do mundo. Dessa maneira, "uma hipótese é uma lei para a construção de proposições" (*PB*, §228) que reproduzem imediatamente o dado de experiência (*PB*, §228): nisso consiste a sua frouxa "relação formal com a realidade", o seu sentido.

*
* *

Para terminar, examinemos rapidamente a nota enigmática do *Tractatus* acerca da compreensão dos signos simples. 3.263 diz o seguinte: "As significações (*Bedeutungen*) dos signos primitivos podem ser esclarecidas por elucidações. Elucidações são proposições que contêm os signos primitivos. Elas só podem, portanto, ser compreendidas se já são conhecidas (*bekannt sind*) as significações (*Bedeutungen*) desses signos". Lendo essa passagem a partir dos comentários anteriores a 6.3751 e tendo em conta que a expressão '*Kenntnis*' (derivada do verbo '*kennen*' que figura em 3.263) é a tradução natural para a '*acquaintance*' de Russell, parece inevitável interpretar tais elucidações como *definições ostensivas*. Aliás, 5.526 apresenta como elucidação de um nome a fórmula: "*Dies x ist a*", fortemente aparentada à forma canônica da definição ostensiva. (Cf. *PB*, §6 e *WWK*, pp. 209-210, onde há menção expressa a definições ostensivas – "*hinweisende Erklärung*" – no *Tractatus*.)

Por outro lado, constatamos que só os nomes da experiência imediata não são hipotéticos, i.e., só eles estão diretamente colados à realidade. Ora, exatamente como os nomes do *Tractatus* (3.31), os signos fenomenológicos possuem forma e conteúdo. O nome, com efeito, só tem significação no contexto da proposição (3.3): é da sua essência poder ligar-se a outros em proposições; ele está, assim, submetido a regras de combinação (de "sintaxe lógica" – 3.33) que exibem sua forma. De maneira paralela, os nomes fenomenológicos têm sua forma dada pela gramática (*PB*, §§76-82 e *WWK*, pp. 63-65) e, além disso, possuem agora seu conteúdo identificado: os dados imediatos da experiência, objeto de definições ostensivas. Desse modo, foi em parte o próprio *Tractatus* que inclinou Wittgenstein a uma interpretação *fenomenalista* dos objetos simples: "As coisas mesmas (*Die Dinge selbst*) são talvez as quatro cores fundamentais, o espaço, o tempo e mais dados (*Gegebene*) do gênero" (*PB*, §147).

3.263 deixa claro, ademais, que a única maneira de explicar a *Bedeutung* de um nome está em *usá*-lo numa proposição, o que pressupõe que a sua significação já seja compreendida, i.e., que já se conheça a própria *Bedeutung*. (É por essa razão, sem dúvida, que Wittgenstein escreve no §6 das *Philosophische Bemerkungen*: "Qualquer maneira de fazer compreensível uma linguagem já pressupõe uma linguagem. E a utilização da linguagem, num certo sentido, não é algo que possa ser ensinado. [...] Não posso, com a linguagem, sair da linguagem".) Ora, é necessário que se trate em 3.263 de *proposições* e não de definições, pois essas não passam de regras de substituição de signos (3.434 e 4. 241) e é óbvio que não pode haver definição de signos primitivos (3.26-3.261). É igualmente óbvio, também, que tais proposições devem ser verdadeiras.

Lembremos, agora, que Wittgenstein sustenta, em 6.124, que a única coisa que a lógica pressupõe é que as proposições tenham sentido e que os nomes tenham *Bedeutung*, pois é essencial, com efeito, que a lógica seja aplicável ao mundo (5.552-5.5521). "A lógica é *anterior* (*ist vor*) a qualquer experiência – de que algo é *assim*. Ela é anterior ao Como (*Wie*), não anterior ao Que (*Was*)" (5.552). No *Tractatus*, esse '*Was*' só pode ser dado pelos nomes, que são indefiníveis (3.261) e que nomeiam a "substância do mundo" (2.0211). Em consequência, a aplicabilidade da lógica pressupõe que certas proposições – as que elucidam a significação dos nomes – sejam imediatamente verdadeiras; não fosse assim, não seria possível compreender as proposições elementares porque não seria possível compreender a significação dos nomes: a linguagem seria impossível. Essas proposições elucidadoras têm, então, um sentido que coincide com a sua própria verdade. Mas, não é essa, precisamente, uma propriedade distintiva dos enunciados fenomenais, esses *"indubitabilia"* tão caros às epistemologias fundacionais empiricistas?

Wittgenstein vai, justamente, descobri-lo a propósito das proposições fenomenológicas do seu positivismo e isso configurará o último passo no abandono do *Tractatus*. As proposições que, nessa época, lhe apareciam como últimas, elementares, *não são proposições!* Falta-lhes a imprescindível bipolaridade.

E, de fato, o derradeiro elo rompido surgiu com a descoberta, registrada em 1933 (*M*, p. 266), de que os enunciados primários não são verificáveis pela razão simples de que é absurdo pedir uma verificação para eles: "Não tem sentido perguntar: "Como você sabe que tem dor de dente?" " (*M*, p. 266). Nas *Philosophische Bemerkungen*, ao contrário, Wittgenstein ainda acredita que os enunciados elementares (fenomenais) são diretamente comparados com a realidade:

> 'Eu não tenho dor' significa (*heisst*): se comparo a proposição: 'Tenho dor' com a realidade, mostra-se então que ela é falsa. – Devo portanto poder compará-la com o que de fato é o caso. E essa possibilidade de comparação – mesmo que ela não se ajuste – é o que significamos (*meinen*) com a expressão: o que é o caso deve passar-se no mesmo espaço do que é negado; deve ser *apenasdiferente*. (*PB*, §62).

(Da mesma forma, ele diz, no §66, que conhecemos (*kennen*) o fenômeno da sensação de dor de dente.)

TEMPO, VERDADE E AÇÃO

A descoberta capital de 1933 é que, nesses casos, não há *como* saber, não existe método de verificação. Pouco mais tarde, nas *Notes for lectures on "private experience" and "sense data"*, ele afirmará enfaticamente: "Não temos aqui nenhuma comparação da proposição com a realidade!" (p. 251). Assim, Wittgenstein termina por recusar estatuto proposicional dos enunciados fenomenológicos. Já estamos muito longe do *Tractatus*. A noção de propagação e preservação do sentido mediante funções de verdade será substituída pela concepção da significação em termos de critério. Com isso, consuma-se a pulverização das teorias do *Tractatus*, pois o fato de uma proposição ter sentido dependerá, contra 2.0211, do fato de outra proposição ser verdadeira (*PU*, §242), sem que isso, entretanto, comprometa a lógica (*PU*, §242). A despeito, portanto, de inegáveis continuidades entre as duas grandes obras, não se pode dizer sem mais que, em ambas, Wittgenstein afirma um isomorfismo entre a linguagem e o mundo, apenas invertendo os polos[18]. Para o *Tractatus*, o isomorfismo é indissociável do fato de uma proposição ter sentido não depender da verdade de outra, pois essa independência é condição da possibilidade de projetar uma imagem (*Bild*) do mundo (verdadeira ou falsa) (2.0212). Tendo já abandonado a teoria estrita da construção do sentido por funções de verdade, o estudo positivista das proposições fenomenológicas arruina a base mesma do primeiro livro: a teoria pictográfica (*Bildliche*) da linguagem. Assim, terminam ao mesmo tempo o positivismo de Wittgenstein e sua adesão às ideias do *Tractatus*.

*
* *

---

[18] Hacker (1972), p. 145.

Em conclusão: Wittgenstein indubitavelmente deu-se conta, já no *Tractatus*, notadamente em 6.3751 e em 3.263, da necessidade e da dificuldade de interpretar as proposições elementares. Que o neopositivismo tenha tentado uma interpretação da verificabilidade semântica original nos termos de uma epistemologia empiricista, não é, com certeza, algo que derive em linha reta do *Tractatus*. Mas tampouco é, por outro lado, um projeto que ele exclua, estando, ao contrário, antecipado em negativo no próprio texto.

Neste trabalho, procurei mostrar que o empirismo fenomenalista é o melhor e mais natural candidato à interpretação requerida, pois, em aparência, era o que menos devastações precipitava no arcabouço teórico do *Tractatus*.

Além disso, que a versão positivista do *Tractatus* seja de fato, como quer Anscombe, inconciliável com a sua filosofia, revelou-se muito mais um sinal da insuficiência das concepções semânticas da obra do que do absurdo do empreendimento. Do *Tractatus* ao empiricismo lógico, há, é certo, um abismo, mas o abismo é estreito e o salto pareceu possível e inevitável. É esse salto que Wittgenstein arriscou por volta de 1930 e cujo fracasso terminou por levá-lo à total transfiguração do seu pensamento. Ele deixou de responder diferentemente às mesmas perguntas e passou a interrogar diferentemente a lógica, a linguagem e o mundo.

Lista de Abreviaturas

LRKM - Letters to Russell, Keynes and Moore
N - Notebooks 1914-16
NFL - Notes for lectures on "private experience" and "sense data"
PB - Philosophische Bemerkungen
RLF - Some remarks on logical form

TEMPO, VERDADE E AÇÃO

T - Tractatus logico-philosophicus
WWK - Wittgenstein und der Wiener Kreis. Shorthand notes recorded by F. Waismann.

Referências Bibliográficas

Allaire, E. B. "*Tractatus* 6.3751". In: I. M. Copi e R. W. Beard (eds.). *Essays on Wittgenstein's* Tractatus. New York: Routledge & Kegan Paul, 1966, p. 189-193.

Anscombe, G. E. M. *An introduction to Wittgenstein's* Tractatus. Londres: Hutchinson University Library, 1967.

Ayer, A. J. *Language, truth and logic.* Londres: Victor Gollancz, 1967 (2ª. ed.).

Hacker, P. M. S. *Insight and illusion.* Oxford: Clarendon Press, 1972.

Kraft, V. *The Vienna Circle: The origin of neo-positivism.* Nova York: Greenwood Press, 1969.

Moore, G. E. "Wittgenstein's lectures in 1930-33". In: *Philosophical papers.* Londres: Allen & Unwin, 1959, p. 252-324.

Ramsey, F. P. "Critical notice of L. Wittgenstein's *Tractatus logico-philosophicus*". In: *The foundations of mathematics and other logical essays.* Londres: Routledge & K. Paul, 1965.

Schlick, M. "Meaning and verification". Reeditado in: H. Feigl & W. Sellars (eds.). *Readings in philosophical analysis.* New York: Appleton-Centry-Crofts, 1949, p. 146-170.

Schlick, M. "The foundation of knowledge". Reeditado in: A. J. Ayer (ed.). *Logical positivism.* Glencoe: Free Press. pp. 209-227.

Strawson, P. F. *Meaning and truth.* Oxford: Clarendon Press, 1970.

von Mises, R. *Positivism.* Nova York: Dover Publications, 1968.

White, R. M. "Can whether one proposition makes sense depend on the truth of another?". In: G. Vesey (ed.). *Understanding Wittgenstein.* Cornell, 1974, p. 14-29.

Wisdom, J. "Ludwig Wittgenstein, 1934-37".Reeditado in: *Paradox and discovery*. Oxford: Basil Blackwell, 1965, p. 87-89.

Wittgenstein, L. *Wittgenstein und der Wiener Kreis. Shorthand notes recorded by F. Waismann*. Edição de B. F. McGuinness. Oxford: Blackwell, 1967.

Wittgenstein, L."Some remarks on logical form". Reeditado in: I. M. Copi e R. W. Beard (eds.). *Essays on Wittgenstein's* Tractatus. New York: Routledge and Kegan Paul, 1966, p. 31-37.

Wittgenstein, L. *Letters to Russell, Keynes and Moore*. Edição e introdução de G. H. von Wright. Oxford: Blackwell, 1974.

Wittgenstein, L. *Notebooks 1914-16*. Edição de G. H von Wright & G. E. M. Anscombe, tradução de G. E. M. Anscombe.Oxford: Blackwell, 1961.

Wittgenstein, L. *Philosophische Bemerkungen*. Edição de R. Rhees. Oxford: Blackwell, 1964.

Wittgenstein, L. *Philosophische Untersuchungen*. Edição de G. Pitcher. Londres: Macmillan, 1968.

Wittgenstein, L.*Tractatus logico-philosophicus*. Tradução de D. F. Pears & B. F. McGuinness. Londres: Routledge & Kegan Paul, 1961.

Wittgenstein, L. "Wittgenstein's notes for lectures on 'private experience' and 'sense data'". Ed. R. Rhees, reeditado in: O. R. Jones (ed.). *The private language argument*. Toronto: Macmillan, 1971, p. 229-275.

REFERÊNCIAS DOS ARTIGOS

"Aristóteles e o princípio de bivalência". *Analytica* 9(1), 2005, p. 173-184.

"Nota sobre o conceito aristotélico de verdade". *Cadernos de história e filosofia das ciências*13(2), 2004, p. 233-243.

"Nota sobre a contingência". In: M. B. Wrigley e P. J. Smith (orgs.). *O filósofo e sua história: uma homenagem a Oswaldo Porchat.* 1ª ed. Campinas: Coleção CLE v. 36, 2003, p. 183-198.

"Saber, fazer e tempo: uma nota sobre Aristóteles". In: Edgar Marques *et alii* (orgs.). *Verdade, conhecimento e ação. Ensaios em homenagem a Guido Antônio de Almeida e Raul Landim Filho.* São Paulo: Edições Loyola, 1999, p. 15-24.

"Kant e Aristóteles: razão prática e escolha deliberada". (*Sobre a publicação deste artigo, ver a nota 3 do Prefácio.*)

"Sobre uma crítica kantiana da razão jurídica". In: Daniel T. Perez *et alii* (orgs). *Tensões e passagens. Filosofia crítica e modernidade. Uma homenagem a Ricardo Terra.* São Paulo, Singular, 2008, p. 11-25. Publicado originalmente em francês: "Sur une critique kantienne de la raison juridique". *Les cahiers de Fontenay.* L'École Normale Supérieure de Fontenay St. Cloud, v. 2, 1992, p. 125-140.

"Condições da autoridade e da autorização em Hobbes". *Revista filosofia política*7, 1991, p. 17-34.

"Sobre o positivismo de Wittgenstein". *Manuscrito* V(1), 1981, pp. 17-32. Reeditado In: D. Dall'agnol (org.) . *Wittgenstein no Brasil.* 1ª. ed. São Paulo: Escuta, 2008, p. 18-32.

ÍNDICE ONOMÁSTICO

Agostinho, Sto.,   10
Allaire, E. B. ,   173, 187
Almeida, Guido Antônio de, 7, 142, 189
Altmann , S.,1, 33, 49
Alquié, Ferdinand, 130
Amônio / Ammonius, 44, 66, 68
Anscombe, G. E. M. , 161, 164, 165, 174, 186, 187, 188
Anselmo, Sto., 10
Apel, Karl O., 168
Aristóteles / Aristote / Aristotle, 11, 15, 33-46, 49-62, 65-68, 69, 70, 74, 75, 77, 82, 85-92, 94, 97-101, 108-118, 139, 150, 189
Avicena, 10
Averróis, 10
Ayer, A. J., 169, 187

Barnes, J., 34, 46
Beard, R. W., 187, 188
Berkeley, G., 169
Blank, D., 46
Boaventura, Sto., 10
Boécio / Boethius, 5, 10, 44, 50, 57, 66, 67, 68, 70, 78
Bruun, O., 46

Chadwick, H., 65, 82
Cícero, 33, 68, 82
Copi, I. M., 187, 188
Corti, L., 46
Crisipo, 33
Crivelli, P., 34

TEMPO, VERDADE E AÇÃO   191

Dall'agnol, D., 189
Dante Alighieri, 10
Diodoro Crono, 33
Dornelles, M. O., 160
Dummett, M., 52, 63, 95, 99
Duns Scotus, 60, 62, 63

Epicuro, 33, 34
Espinosa, B., 26, 31, 143

Fann, K. T., 169
Faria, Paulo, 62, 63
Feigl, H., 53, 64, 187
Frede, D., 34, 47, 57, 58, 64, 70
Frede, M., 64, 82
Frege, G., 52, 61, 163, 167
Finley, M. I., 100

Geach, P. T., 34, 47

Hacker, P. M. S., 185, 187
Hobbes, T., 5, 25, 26, 143-157, 159, 160, 189
Hume, D., 134, 169

Jaczn, A. Vos, 63
Jones, O. R., 188

Kant, I., 5, 11, 19, 20, 22-25, 36, 101, 103, 105, 106, 108, 121-142, 189
Kenny, A. J. P. , 47, 94, 96, 100
Kneale, M., 34, 47, 66, 82
Kneale, W., 34, 47, 66, 82
Kraft, V., 161, 187

192

Ladrière, Jean, 28
Landim, Raul, 31, 33, 189
Leibniz, G., 7, 33, 41, 47, 66, 82
Lopes dos Santos, L. H., 33, 45, 47, 56, 64, 66, 68, 82
Lukasiewicz, W., 33, 45, 47, 56, 64, 66, 68, 82

McGuinness, B. F., 188
Marques, Antonio, 142, 189
Martins, S., 7
Mctaggart, J. M E., 93, 97, 98, 100
Macpherson, C. B., 151, 152, 153
McCall, S., 47, 64, 82
Meiser, C., 47, 63, 67, 82
Michon, C., 34, 47
Mignucci, M., 57, 64, 71, 82
Moore, G. E., 163, 169, 170, 177, 186, 187, 188

Pears, D. F., 188
Pedro de Espanha, 10
Pitcher, G., 188
Platão / Plato / Platon, 10, 17, 85, 86, 110
Porchat, O., 82, 189
Prior, A. N., 42, 47, 66, 82, 94, 96, 100, 175

Quine, 62

Ramsey, F. P. , 172, 187
Rhees, R., 188
Rohden, Valério, 142
Ross, D., 34, 47
Russell, 163, 164, 173, 182, 186, 188
Schlick, M., 167, 169, 177, 187
Sellars, W., 52, 64, 187

Shiel, J., 68, 83
Sigério de Brabante, 10
Simplício, 34
Sócrates, 10, 54, 76
Sorabji, R., 34, 47, 66, 77, 83, 96, 100
Strawson, P. F., 167, 187
Striker, G., 64, 82
Stump, E., 82

Tarski, A., 14, 15, 16, 52, 53, 58, 60, 61, 64
Tomás de Aquino, Sto. / Aquinas, 10, 44, 47, 96, 111, 150
Tourinho, D., 7, 141

Vesey, G., 187
Virgílio, 10
von Mises, R., 161, 187
von Wright, G. H., 188
Vuillemin, J., 34, 47, 66, 83

Waismann, F., 177, 187, 188
Whitaker, C. W. A., 34, 47
White, R. M., 164, 187
Williams, B., 86, 100
Wisdom, J., 169, 188
Wittgenstein, L., 5, 11, 28-31, 41, 42, 47, 161-177, 180, 181, 183-189
Woodger, J. H., 14, 64
Wrigley, M. B., 189

Zingano, M.,7, 33, 92, 100